もう知らないでは済まされない!

シロアリ工事は巣から絶たなきゃ意味がない!

岸本善男

はじめに

この本を手に取ったあなた、もうシロアリで悩むことはありません

突然ですが、この本を手に取ったあなたは非常にラッキーです。
「ラッキー?」
そうです、ラッキーなんです。

なぜかというと、あなたが今手にしている本で、シロアリ駆除業界にどっぷりつかってきた私が、一般の方々にシロアリ駆除業界内部の情報を伝えようとしているからです。ズバリ、その情報を得るだけでシロアリ駆除業者と対等の交渉ができます。その情報とは、普段はまず耳にすることができない貴重な情報です。

この不況下、他業種からの参入でシロアリ駆除業者が急激に増加し、リフォーム詐欺・点検商法などに代表されるように大きな社会問題にもなっています。

こうした問題は、第一に取扱い業者の多さと消費者の無知による無防備さが相まって現れています。またシロアリ駆除工事は専門的知識を要するので、業者ペースでの契約になる場合が多く、そのような理由からシロアリ駆除業者選択の判断が難しいのです。それゆえに消費者はシロアリについての最低限の知識が必要です。

生まれてから一度も買ったことのないもの、買う予定のないものの値段・品質は、皆目見当もつきません。日常的に買い物をする米は１０キロいくらぐらいだとか、どこそこ産の米がおいしいとか、おおよそ見当がつきますが、シロアリ駆除工事などの非日常的なものは、値段、選択基準がまったく分かりません。それをご紹介しなくては消費者が迷い、宣伝広告や営業マンに騙されることになります。

私はシロアリ駆除工事を予定している方に情報を提供しようと「白蟻工事で失敗しない７つの自己防衛策」という小冊子を作成しました。

最初は口コミで小規模に配布していたのですが評判が評判を呼び、新聞社から取材を受けました。当たり前のことですが新聞記事として扱われるためには社会性とか話題性とか、信頼のおける情報でなければなりません。トントン拍子にことは運び。新聞社2社に記事として掲載されました。大反響です！　累計して435名の方から、「ぜひ読みたい」と請求がありました。

そして、読者の方の中から、お礼の電話をもらったり、手紙も頂きました。

「駆除業者選びに失敗しない方法がよく分かった」

「消費者が知りたかったことが書いてあったのでとても満足です」

「これを読み終えた時、頭の中にあった霧が晴れました」

「情報が氾濫していて、何を信じて良いか分からなくて、悩んでいたことが解消しました」

正直、うれしかった。

元気が出てきた。

やってよかったと思った。

あなたはシロアリ駆除工事に関してどれくらいの知識があるのでしょうか？　察するところ、ほとんどの方がシロアリ駆除工事に関しての知識がありません。

白蟻工事で失敗しない防衛策

消費者に7つの助言

撲滅実践会

シロアリ業者の選び方などをまとめた冊子「白蟻工事で失敗しない7つの自己防衛策」が消費者向けに配布されている。シロアリ業者五社による白蟻撲滅実践会（平井佑晶代表）が一年ほど前から出している。冊子では、現在県内に百社以上あるといわれる業者の多さと消費者の無防備さがあいまって工事の失敗を招いている現状を指摘、「なぜ失敗するか」「会社の大小は決め手にならない」「工事価格の判断」「保証書の確認」など、七つの項目へのアドバイスが書かれ、工事の際に消費者が払うべき注意が喚起されている。

日本しろあり対策協会の「認定防除士」資格を持っていることは重要だが、業者の大小や有名無名は決め手にならないとされる。力任せに利益を上げようとせず、「消費者はお客さま」というサービス業の心得を持つ会社を選んだ方がいい。営業マンが調査、見積もりに来たのに家の床下に潜らなければ、雑な工事につながるので要注意という。

実践会事務局によると、「家に来る営業マンの数が次第に増え、複数に囲まれて契約を取らされた」「工事に来た業者が、契約以外の取り付け工事を強引に勧め、断れずに何十万円も支払うはめになった」など、各業者を通じて寄せられる苦情は少なくない。

料金は建物の構造や築年数で変わるが、平均的な相場は、鉄筋コンクリートで予防の場合坪単価五千円から、駆除の場合は五千五百円から。木造で予防の場合の坪単価は五千五百円から、駆除の場合は六千円からとなっている。これまでの苦情の中には「単価が約三万円という工事をされた」などという声もあったという。

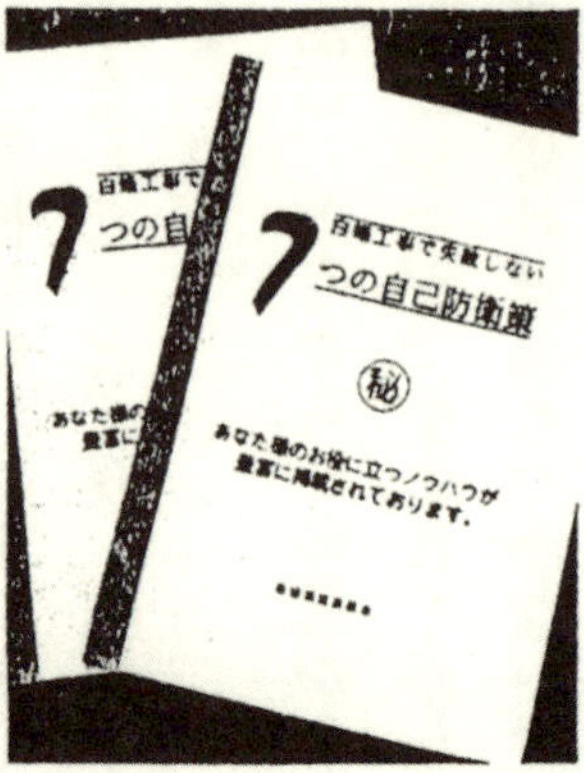

白蟻撲滅実践会が発行している冊子「白蟻工事で失敗しない7つの自己防衛策」

平井、岸本氏が冊子発行

白蟻工事で失敗しない法

こ

のほど「白蟻工事で失敗しないセつの自己防衛策」という冊子を出した。

これは年々、白蟻被害が増え、それと比例して工事後のトラブル発生も増えつつあるとして、トラブル回避のため冊子発行に踏み切ったもの。

冊子は、①なぜ、白蟻工事を失敗するのか！②新築が一番危ない！③会社の大小や有名無名は決め手にならない④高い？安い？その判断は……⑤使用する白蟻薬剤のことは必ず尋ねて下さい⑥保証書を確認する事⑦やっぱり、実績が一番！—の項目を並べ、トラブルチェック、アドバイスチェックを指摘している。

白蟻は、約三億年も前から生息しているといわれ、氷河期や天変地異といった過酷な天候にもめげず生き抜き、ますます増え続けている。この強力な生命力に立ち向かうには、白蟻の生態や薬剤の選択、建築物に対する基礎知識、長年つちかってきた防除技術が求められる。

「新築が一番危ない！」項目のところでは「一般的には白蟻は古い木材を好むと思われている方が多いと思いますが、白蟻は古材より新材をより好み、食害します。この辺が『新築が一番危ない』と言える土壌になっていると言っても過言ではありません」と述べている。

また、これを著したのは平井佑晶氏と岸本勝民氏で二人は最後に「白蟻工事は生き物相手の闘い。様々な条件が重なり白蟻を再発させる場合がある。それだから一概に悪い業者とは絶対に言い切れない。問題なのは、その後の業者の対応」だと述べている。

仕事は人が心をこめて行うもの。両氏は冊子の中でそのことを強調している。

私は、シロアリ駆除工事を長年やってきて、工事が成功する秘訣は、業者の腕（経験・知識）と、もう一つ、その工事で使用する素材（薬剤、あるいは工法選択）だと思っています。

家を建てるときに例えていうと、腕のいい大工といい素材があって、初めていい家が建つのと同じことだといえます。

この小冊子「白蟻工事で失敗しない7つの自己防衛策」は、シロアリ駆除業者選択の規準を書いた内容でした。そして今回のこの本は、シロアリ駆除工事の失敗例や問題点などを取り上げ、どうすれば成功するのかという具体的な例も交えての実践編として書き上げました。

この本は、学者・研究者のための本ではありません。現場で汗水たらし、試行錯誤をしながら、いろいろな失敗を積み重ねてきた、いわば「たたき上げ」の現場技術者が書いた実践的な本だと自負しております。ですから能書きはありません。

本書で紹介する新工法は、私自身が泥まみれになって検証してきた非常に画期的な工法です。もしこの新工法以上に安全で確実な駆除方法があれば教えて下さい。私はこの工法から一切手を引き、その駆除方法に従うことを約束します。そういえるくらい確実です。

小冊子とあわせて読めば失敗する確率は極端に低くなります。ですから、冒頭に「あなたはラッキーです」と唐突にもいわせて頂いたわけです。

私は、家のお医者さんとして、この新治療法（新工法）で多くの手術（シロアリ駆除）に立ち合い、おかげで新治療術を深く学びました。

今の私は、新治療術を学んだおかげで、治せない「家」はほとんどないと断言できます。他の業者が食い止められないシロアリ被害も、この新治療法を使えば、たちまちシロアリという「癌」を消滅させることができるのです。

この本はシロアリ駆除工事の医学書としては、おそらくはじめて出版される本でしょう。そして、この新治療法がシロアリ被害で悩んでいる皆さんの、お役に立てば幸いです。

目次

第1章　なぜ、シロアリを止めることは難しいのか？

第2章　現役業者が告白！　シロアリは止められない

第3章　究極のシステムがやって来るまで

第4章　自動的にシロアリが駆除されるメカニズム

ステップ1　シロアリを集めることに集中する

ステップ2　集めたシロアリをだます

ステップ3　継続的に建物を監視する

第5章　あなたの家もシロアリから守られる

第1章

なぜシロアリは止めることが難しいのか？

■シロアリはなぜ繁栄し続けるのか？

毎朝、新聞の訃報欄に目が行くのは私だけでないだろう。目立つのは、詳細には書いていないが恐らく癌による死亡ではないだろうか？　癌による死亡が過去二十数年間、トップを走り続けていることから明白である。

よくシロアリ被害は「住まいの癌」として例えられる。大まかにいうと予期せぬときに現れて、放っておけば取り返しのつかないことになるからそう例えられるのだと思うのだが、シロアリも意外に癌細胞と似てしつこい。

C型肝炎による肝臓癌が見つかったとして例えてみたい。

通常、肝臓癌は、CTスキャンや超音波検査などの最新機器による検査で見つけるらしい。2センチ以下の大きさの癌であればエタノール注入療法がおこなわれ、癌が消滅すると聞く。しかし、対症療法である以上、半年か1年後には再び肝臓癌が出現してしまう。

対症療法とは、その根本原因を解決しないで、ただ表面に現れた癌に対してのみ対処する治療法のこと、つまりモグラ叩き治療といわれている。そのため多数の癌が出現したときにはお手上げになる。

医者ではない私が偉そうにいってしまったが、実はシロアリ被害でもこれと同じようなことが起きることがある。

これまでのシロアリ駆除工事では家中にシロアリ薬剤を散布しても、何年後かにまたシロアリが再侵入する場合がある。これまた、モグラ叩き状態になって、あちらこちらからシロアリが再発する。薬剤を散布できるうちはいいが、もうこれ以上薬剤を散布しても無駄な場合もある。

このようにシロアリは、癌同様に厄介なシロモノなのである。「それは業者の言い訳だろう」といわれそうだが、言い訳ではない。

その誤解を解くために、これからゆっくりと説明させてほしい。


突然だがあなたに質問がある。

ここに二つの無人島があると仮定しよう。一つの無人島は、小さくて食料も乏しい。一方の無人島は大きく、果物、魚などの食べ物も豊富。

さて、あなたは、どの無人島で長く生きられると思うか？「バカな質問はするな」と怒られそうであるが、当然、瞬間的に答えは後者だと分かる。

しかしあなたと奥さんは、運悪く前者の食料の乏しい無人島に漂着してしまった。

その場合、恐らくこのような行動に出るはずだ。あなたは、奥さん（あるいは旦那さん）のため、過酷な場所で、所有していなかった食料を確保するための道具を作りあげ、必死で食料を探すだろう。

生きるために脳を使い、海では魚、貝、海草などを探して、煮るか焼く、あるいは干物にし、保存食にするかもしれない。山では木の実、草の根、山菜などを探し、きのこ類などは毒がないか慎重に選ぶだろう。こういう限られた条件の中で生きていくために必要な栄養を摂取する努力をするはずだ。

しかし、シロアリは我々よりもっと合理的にその食料問題に対応している。シロアリは、あらゆる生命体が生きていく上で根本的な問題となる食料問題を、簡単に解決した。

シロアリは、セルロースのみを食料とする。セルロースとは、木材の中にふくまれる物質であるが。シロアリが木材を好んで食べるのは、木質を分解してそのセルロースを食べるためである。

セルロースはミネラルについで地球上でもっとも豊富な物質である。

実は、シロアリはこの地球上で、無尽蔵にある物質はセルロースだということに気付いた。そしてわざわざ少ない物質を探して食べるより、どこにでもある豊富な木材を主食とする方向に進み、食料問題を合理的に解決したのだ。

まったく驚いた適応能力ではないか。

そして、この経験則でさまざまな災害、氷河期にも絶滅せず繁栄してきた。

もしかすると、これからも進化を続け、数万年後にはミネラルをも食料にするかもしれない。そうなると、シロアリは地球がある限り絶対に絶滅しないだろう。

この適応能力が癌細胞同様にシロアリが厄介なシロモノであるという理由になる。

想像を絶するシロアリの本能だが、驚くのはまだ早い。私はあなたに、シロアリの恐ろしさを伝えたい。あなたがこれからシロアリ駆除工事を考えているのなら、なおさら聞いてほしい。

しかも、これから話すことはいままで聞いたことがない新しい話が多いはずだ。

新しい話というのは理解されにくい。まして業者の私がいうのだからなかなか受け入れられないだろう。人によってはそれを脅しだと受け止めてしまう方もいるかもしれない。

しかしその逆もまた真なりだ。この知識を得るだけで、かなり業者の対応が違ってくる。「味にうるさいお客には最高の料理を出すけれども、味を区別できないお客には電子レンジでチンした料理を出す」という最悪のシナリオだけは避けられるからだ。

シロアリ駆除業界も理屈は同じだ。正しい情報と知識で理論武装をした方が業者のいいなりにならずに済むというわけだ。

では、今まで聞いたことがない。どの本にも書いていない。シロアリの驚くべき世界へと私が案内しよう。

シロアリの驚くべき習性　その１

シロアリは学習する

長年、シロアリ駆除工事をしていると、本当に驚かされることがある。それは、シロアリの学習能力である。

シロアリの学習能力といっても理解できないと思うが、分かりやすくいうとシロアリは生きていくうえでさまざまな能力をもっている。能力というよりも知能といった方がいいかもしれない。

私は米国メーカー公認の新工法インストラクターとして、シロアリ駆除業者に対しての講習会や現場での指導にあたっている。その後の懇親会では、必ずといっていいほどシロアリの武勇伝の話で盛り上がる。

「岸本さん、この前のシロアリ駆除工事のときに、以前散布したシロアリ薬剤を避け、シロアリが空中蟻道《ぎどう》を作って建物に侵入してましたよ」

空中蟻道？

シロアリの生態についての難しい話は避け、おいおい補足するくらいにしたい。なぜなら詳しく説明すると、専門的な話に偏りすぎて退屈な内容になってしまうからだ。ただしここでは少しその空中蟻道とやらについて説明をしたい。

シロアリは、出合うものすべてを破壊し食べ尽くすことから、どんなに頑丈な昆虫かと思いきや、意外と弱いのである。

そのため、移動する際は他の天敵から身を守るために蟻道（飲み物で使用するストローを連想してもらえばよい）という土、木片等でトンネルを作る。その蟻道とやらが非常に厄介なのだ。

先ほどの話の中では、建物全体にシロアリ防除剤を散布・注入したといっていた。実は、シロアリはそのことを知っていた。知っていたために意図的に薬剤を避けたのだ。

まず、この写真を見てもらいたい。

我々がシロアリ駆除工事をするときには、使用する薬剤の残効性がポイントである。残効性とは、薬剤の効果が残るという意味だ。シロアリ駆除工事を終えた業者の「5年間保証」というのは、薬剤の効果がそれくらいはあるという考えからである。

シロアリ薬剤を長期的・効果的に残すことにより、その薬剤バリア（薬剤の膜）によってシロアリの再侵入を阻止できるからだ。


しかし先ほどの話では、その人間様の科学力を、彼ら（シロアリ）は、まるであざ笑うかのように学習していくのである。またその学習も中途半端な学習ではない。

シロアリが食料（木材）を求めて未知の場所へ移動する場合は先発隊としての役割、すなわち殺虫剤という地雷

土壌から突起した部分は、薬剤の効力が落ちていたと考えられる。その隙間（効力が落ちている箇所）をシロアリが見つけ、突破して空中蟻道を作り、建物の中へと侵入した
資料：（社）日本しろあり対策協会

を自ら踏み進み、自らの命で立証するのである。その屍の山を見て他の仲間は学習し、進路を変更したり空中蟻道という特殊な建造物を建設する。

人間が利便性をよくするために、トンネルを掘ったり橋を架けたりするのと同じである。これが、シロアリの恐ろしさだ。


シロアリが誕生したときには人類はいなかった。人類との戦いは、つい最近開始されたにすぎない。それなのに、シロアリはなぜ人類が作った薬剤(科学物質)を避けられるのか？

答は、シロアリは学習しながら三億年も生き抜いてきたからだ。その三億年分の経験を遺伝子にインプットして予期せぬ事態が発生すると、その蓄積された遺伝子の中にある「情報」から検索して最良の方法で切り抜けると、まあそういう具合であろう。


具体的にいうと、自然界では植物にも我が身を害虫から守るために、多少の農薬成分を精製する機能があるらしい。とするとその経験は、前述したとおり過去に幾度もクリヤーしてきているのだから、そんなシロアリ薬剤なんてものはすぐに避けられる。

シロアリでは本能と呼ばれ、人間では知能と呼ばれる能力を人間と同じように使いこなしてきた。いや、時おり人間以上にうまくその能力を利用してくるのだ。

■働きアリ以外、家を食べない

先にシロアリはセルロースを主食にするといったが、実はシロアリ自体にはセルロースを消化する機能はない。その代わりに、その腸の中に原生生物を養い、共生しているのだ。体内に取り入れられたセルロースを、原生生物がブドウ糖に変え、それをエネルギーにして生きているが、働きアリだけが、食べて消化する機能をもっている。

その他の階級（女王アリ、王アリ、羽アリ、ニンフ、兵隊アリ）は空腹になると、通りがかりの働きアリに何らかの合図を送り、食べ物を催促する。催促された働きアリは気前よく自分の中にあるものを与える。働きアリがいなければ、巣は成り立たない。

シロアリの驚くべき習性　その2

シロアリには超能力がある！

ミスターマリックのマジックを見ているといつも驚かされる。

もちろん、マリックのマジックは、すべてトリックらしいのだが、突然目の前からコインが消えてなくなったり、タバコが手を貫通したり、物が瞬間的にある場所からある場所へ移動したりすると普通の人ならば、そのトリックを見抜けない。

そのトリックを見破れば「なるほど」と納得できるが、マリックの場合、まったく分からない。見ていて本当に楽しい。

しかし、シロアリにはそのマリック顔負けのすごい超能力（？）がある。

数年前の梅雨の時期だった思うが、熊本のある方からの依頼でシロアリの調査をしたときのことだった。この住宅は木造で築四十年くらいの建物だ。私は早速、床下の調査をおこなうことにした。

畳をおこして、点検口から床下をのぞいた。なんとそこで滅多に見れないものを見させてもらった。

なんと、シロアリが床下の水溜り（水道管の破損が原因）から水分を補給していたのだ。本当にビックリした。

上（床板）から水面までは三十センチから四十センチくらいはあっただろうか。シロアリが生きていく上で必要な水分を補給するために、空中蟻道を上（床板）から下の水溜りに意図的に延ばした状況であった。

日本にいるシロアリの種類は、現在６種類が確認されているが、そのうち住宅などに被害を与えるシロアリの種類は、ヤマトシロアリとイエシロアリである。この両シロアリ種は、非常に乾燥に弱い。したがって常に水分を必要とするからこのような突飛な行動に出たと思う。

さらにすごいことに、シロアリには眼がない。眼がないのにこのように水溜りを目指して見事に蟻道を延ばしていた。それも水面ギリギリにまで蟻道を延ばしていたのだ。

私は考えた。目の見えないシロアリがどうして、そこに水溜りがあるのを知っているのか？「超能力しかない」当時はそれしか思い浮かばなかった。

ちょっとおおげさにいってしまったが、もちろんシロアリには超能力などというものはない。シロアリは目が退化して無い分、恐ろしく触角が発達している。その触角で水脈の存在を知り、このような奇怪ともいえる行動に出たのだろう。

■シロアリの生命力

以前、大先輩のシロアリ駆除業者の社長が私に話していたことがあった。このベテラン業者が見たものは、さらに驚くべきシロアリの行動であった。

通常、二階以上でシロアリ被害があった場合、我々業者はまずシロアリの生命線ともいえる水分を、どのようにして確保しているかを調査する。

よくある状況は、雨漏りによる水分の確保や水道管・エアコンなどに付いている結露（水滴）などからの水分の確保である。この条件だけでシロアリは生きていける。これだけでもなかなかすごいことだと思うのだが、この場合は想像を超えていた。

実は、シロアリ自ら建物の内部から、外部の方へ蟻道を延ばして、壁の隙間を見つけて、そこから水分を確保していたのだ。

つまりシロアリは、建物内部での水分確保は不可能と判断して、蟻道を外へ延ばし、雨が降るのをじっと待っていたということになる。

■シロアリは雨を予知する能力がある

ご存知のとおりシロアリは、毎年梅雨時期の夕方になるといっせいに飛び立つ。その飛び立つ条件が雨上がりだ。その雨を予知して、せっせと群飛（巣から飛び立ち夕方に外灯などに集まる行動）の準備を朝からしている。下手に天気予報を信じるよりシロアリ天気予報の方が面白いし確率が高い。

先ほどの話に戻そう。ではシロアリは最初から蟻道を外へ伸ばして水分の確保をおこなっていたのだろうか？

多少とも受け入れられそうな推測をするが、私が考えるに元々は何かから継続的に水分の確保ができていたのではないかと考える。

なぜそういえるのかというと雨水を待っているシロアリはなにか緊急事態のように思えてしょうがない。雨水は安定的な水分の供給元にはならない。シロアリが、そんな不安定な状況を自ら作るはずがないのである。もし仮に、必要に迫られて自らそのような状況を最初から作ったとしたら、その間に何らかの方法で解決するのではないだろうか？

推測にしかすぎないが、いずれにせよシロアリの生命力にはいつも驚かされる。

■シロアリは科学者？

ところが、さらに我々の想像をはるかに超えた、驚くべき仮説を立てた学者がいた。

シロアリがどうしても水分の確保ができない場合、信じられない方法で水分を確保するというのだ。

博士がいうには、シロアリは我々の知らない方式によって、大気中の酸素と植物性食品の水素とを化学反応させ、その反応してできた蒸気でシロアリが必要とする水分を精製しているのではないか？　と。解答はまだ聞いたことはないが、もっともな仮説である。

勉強不足でこんなことを書くと怒られるかもしれないが、願わくば、ただの仮説であって欲しい。

シロアリの驚くべき習性　その3

シロアリは人をだます

先日、テレビを見ていたらある番組で面白い話をしていた。

伊集院光というタレントが夫婦で、伊豆にドライブをしているときの設定だった。山道を走っていると、道路脇に「サルにご注意！」との標識が立ててあったらしい。何気に思って、スピードを落とすと、サルの群れが車に近寄ってきた。「轢いちゃいけないな」と、さらにスピードを落として群れの中を徐行して抜けようした瞬間、ドスッと一匹のサルが車のボンネットめがけて当たってきた。あわててブレーキを踏み急停車すると、サルの群れが車に集まってきた、シートに座っていた二人はア然としているが、ぶつかったサルの姿が見えない。サルの状態を確認しようと車を降りて車の前に回ると、はねたサルが横たわっていた。その周りを囲むように他のサルも心配そうにしている。

「やっちゃた」と二人。

二人が、助けようと横たわっているサルに近づいた。と、その時、一瞬の隙に、後ろに待機していた他のサルがいっせいに車の中に入り込み、車内にあるものを全部盗み取っていった。何がなんだか分からない状態になってあっ気に取られ、「まさか」と思ってはねたサルを見たとき、そのサルは悠々とその場を立ち去ったのだ。

「やられた…」と、伊集院。

そう。サルの「当たり屋」だったのだ。

この話、多少、笑いを取るために誇張していると思うが、地元ではひんぱんに起こっているらしい。そのために標識には「サルにご注意」と（笑）。

サルの知能レベルの高さを物語るエピソードだが、おそらく一度、本当にサルが交通事故にあってそれを見ていた他のサルが学習したのだろう。

■シロアリは人間の裏をかく

世の中には、もっと信じられないことが起こる。今のサルの当たり屋の話は、知能の高い哺乳類の話である。しかしこれからお話しすることは昆虫類の話である。

昨年十月、あるシロアリ駆除業者から電話があった。

社長「岸本君、申し訳ないがちょっと現場を見てくれないか？」
私「何か問題でも起きたのですか」
社長「いいや、問題ではないがちょっと一緒に調査してくれ」
私「とりあえず簡単でいいですから、状況を教えてくれませんか？」
社長「実はね、シロアリの被害が二階にあるんだが、どこから侵入しているか分からないんだよ」
私「そうですか。それでは一時間後にその場所で」と電話を切った。

通常こういう状況の場合は、シロアリの羽アリが飛んできて二階に営巣したか、一階からなんらかの経路で二階まで蟻道を延ばし被害を及ぼしたかのいずれかだ。そんなことは、ベテランのシロアリ駆除業者なら分かると思うけれど、と一人ブツブツいいながら車を走らせた。

行って分かったことだが、一階部分にはまったく被害がない。二階だけの被害だ。「これは羽アリかな」と判断しようと思ったのだが、シロアリの羽アリが飛んできても、そこへ入り込む隙間が全然ない。完全に密閉された部屋（天井裏・床下同様）なのだ。状況を把握して、シロアリの侵入経路を特定したいのだが、これでは推測すらできない。

社長のいったとおり侵入経路がまったく分からない。しかし、実際にシロアリの被害はかなりのものだった。さらにその加害部の蟻道は土で作られていた。

土を使っているということは地面とつながっているという証拠になる。しかし予想できるところにはまったく蟻道はない。二人とも首をかしげながら外観を見ようと裏へまわろうと思った。その時だった。「うっそ〜」と社長が悲鳴に近い声を上げた。なんだろうと急いで裏へ回った。

同じく「うっそ〜」と、私。

この建物の正面玄関は、ちょっとした通りになっていた。しかし裏側は十メートルくらいの崖になっていた。その下はミカン畑、要するに裏側は人目には付かない。この説明だけではちょっと分かりづらいが、その裏側から建物に沿って蟻道を延ばして二階に侵入していたのだ。おまけに台風対策も万全で柱を風よけとして利用していた。

これは、サル顔負けの芸当だ。

もちろん、人間の裏をかいて人目を避けるように考えてこのような行動を取ったとは思

建物の裏から撮影。手前は畑で人目につかない。

えない、さまざまな条件が重なってこうなったのだろう。

しかしシロアリって生き物がときどき、とてつもなくすごい生き物に思えるのは、私だけだろうか？

シロアリの驚くべき習性　その４

シロアリの巣の中ではドラマがある

先日、鹿児島県内の不動産管理会社の依頼を受け、シロアリ駆除の講習会をおこなったときの話だ。シロアリの生態の話をしていたとき、その場所に居合わせていた常務が私に対して、「岸本さんはシロアリの話をすると生き生きしていますね。もしかしてシロアリオタクじゃないの」と笑いながら一言。いわれるまで自分では気がつかなかったが、「そういえば、そうかもしれない」と、納得してしまった。

シロアリ駆除工事会社に入りたての頃、仕事中に床下で三時間も四時間もシロアリの行動を観察していたこともあった。

面白いのは、床下のコンクリートの隙間から蟻道を延ばして侵入している場面を見たときに、その蟻道を一部壊してシロアリがどれくらいの時間で修復するかを観察することだ。仕事はそっちのけで時間が経つのも忘れるくらいだ。

一センチほど蟻道を壊すと、まず、十匹ほどの兵隊アリが切り口のところに顔を出す。不慮の敵に対しての防衛体制を取っているのだ。しばらくすると、口に砂粒をくわえた働きアリがやってきて、おどろくべき速さでその壊れた蟻道に積み重ねて直していく。その間、約二〇分。

実はシロアリ以上に生きるための条件が悪い昆虫はいない。彼らには攻撃用の武器も、防護用の武器も貧弱で、ないに等しい。ないならないで、せめて動きを俊敏にして天敵に対応すればよいのであるが、その動きも非常にドンくさい。

危険からすみやかに逃れることができない。

その柔らかい腹は、子供が軽く触れただけでもすぐに死んでしまうし、太陽光線にさらされるとたちまち干上がってしまう。ほとんど無防備状態なのだ。自然が生存競争用の機能をこれほどわずかしか与えなかった生物も珍しい。そのために、シロアリには外敵から身を守るため、蟻道というプロテクターが必要になってくる。破損した箇所の修理スピードは彼らの死活問題なのである。

だが、その逆境がシロアリの本能の発達、おどろくべき進化を遂げさせ、完全無欠の組織を作り上げてしまったことは間違いない。

■シロアリの天敵はアリ

「他人のそら似」という、言葉を聞いたことがあるだろうか？

アリとシロアリ。似ているようで似ていない。仲間として近いようで近くない。両種は、違う進化をしてきた。同じ仲間ではない。

アリの誕生はシロアリよりも遅れるが、アリがいなかったら、恐らくシロアリはどこまでも繁栄していたことだろう。

容姿的に弱いシロアリは、アリから身を守らざるをえないという必要にせまられて、地下にもぐり、そして移動するときは必ず蟻道を延ばして行動している。防衛処置のほとんどがアリに対して取られているのだ。

しかし、不意打ちによって入り込む場合がある。その場合は、兵隊シロアリが命をかけてアリを食い止め、蟻道の外へ追い出す。そして後方にいる働きアリがすべての蟻道の入口を急いでふさぐ。

オートマチックにおこなわれる光景だが、兵士たちは巣の仲間を守るために自らが犠牲になるのだ。なんとも、勇敢でかっこいいではないか。

さらに面白い話がある。

シロアリは「アリ」ではなく、ゴキブリにもっとも近い昆虫だということは、最近一般にも知られてきた。そのゴキブリについて興味のある実験がおこなわれていた。

Y字型の通路を作り一方をゴキブリの習性に合わせて暗くして誘い、その左側に電気回路を設置して三十分おきに電気ショックを与える。しばらくすると左側の暗いところには一匹もいなくなった。いわゆる電気ショックを記憶する学習実験だそうだ。

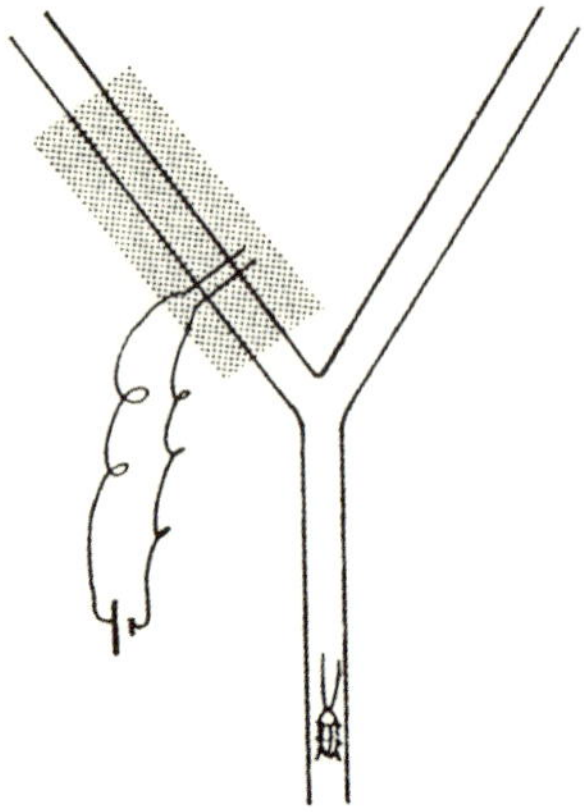

ターナーの実験装置
「ゴキブリのはなし」安富和男：技報堂出版

ここで興味深いのは、ゴキブリが電気ショックを学習する時間にバラつきがあり、もの覚えの良いゴキブリと悪いゴキブリがいたという事実だ。ゴキブリのような昆虫は、個性のない機械的な生き物のように思われがちだが、それぞれがれっきとした個体としての性格があると、この本ではいっている。

シロアリもゴキブリの仲間に近いのか冷静なシロアリと、何か起こると直ぐにパニックになるおっちょこちょいのシロアリがいる。後者の性格のシロアリは天敵の攻撃にあうと、蟻道を飛び出して逃げようとするが万事休す。まるで、ハリウッド映画のワンシーンのように、シロアリがエイリアンにさらわれるのだ。

こういうノンフィクションドラマを無料で観られる。３時間も４時間も床下でじっとしている理由がお分かり頂けましたか？

■さらに進化した蟻道活用法

シロアリは、三億年の間にさまざまな敵に対する防衛法を整えてきた。その一つが蟻道だ。しかし天敵のアリ対策として考えられた蟻道なのだが、必要に応じていろんな状況で活用される。先にも説明を加えた「空中蟻道」もその応用の一つなのだが。シロアリはもっと厄介な応用を学んだ。

この蟻道、我々シロアリ駆除業者にとっても、厄介なしろものなのだ。シロアリ駆除工事をおこなうときに、その「蟻道」を見つけ、壊して、再び侵入させないために薬剤をその蟻道の跡に注入処理する。再びシロアリが侵入したとき、その薬剤に触れてシロアリが死んでしまうのを予想してのことだ。

しかしシロアリは、ときにその蟻道を変形させて、薬剤との接触を避ける。薬剤との接触を避けてなんなく建物の中へ入り込む。

ほとんどの敵に対する防衛法を整えてきたシロアリだったが、地球上に最後にあらわれた人類に対する防衛法を知らなかったし、まだ防衛法を整えていなかった。しかし、過去の防衛法の中から最良の方法を選んで緊急用として整えた。

巣の中では、すべてのシロアリが連帯のきずなで結ばれ、すべてが厳密な均衡を保ち、ドンドン繁栄しているのだ。

断面図

通常の蟻道（半月型）

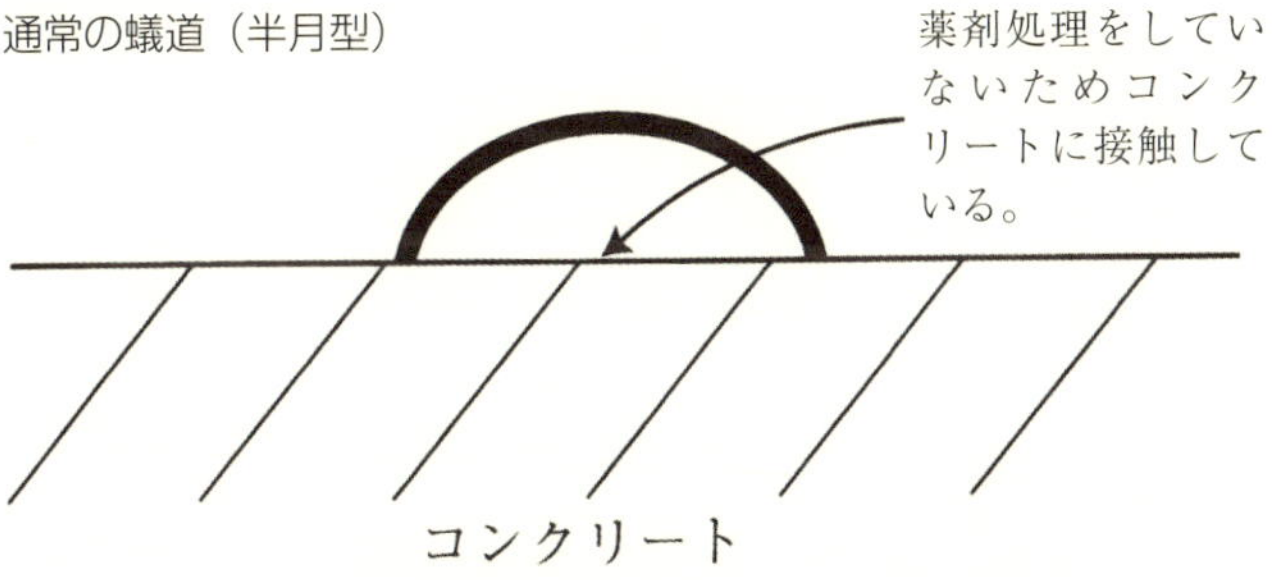
薬剤処理をしていないためコンクリートに接触している。
コンクリート

コンクリートの上に半月型の蟻道を作り、その中を移動する

進化した蟻道（満月型）

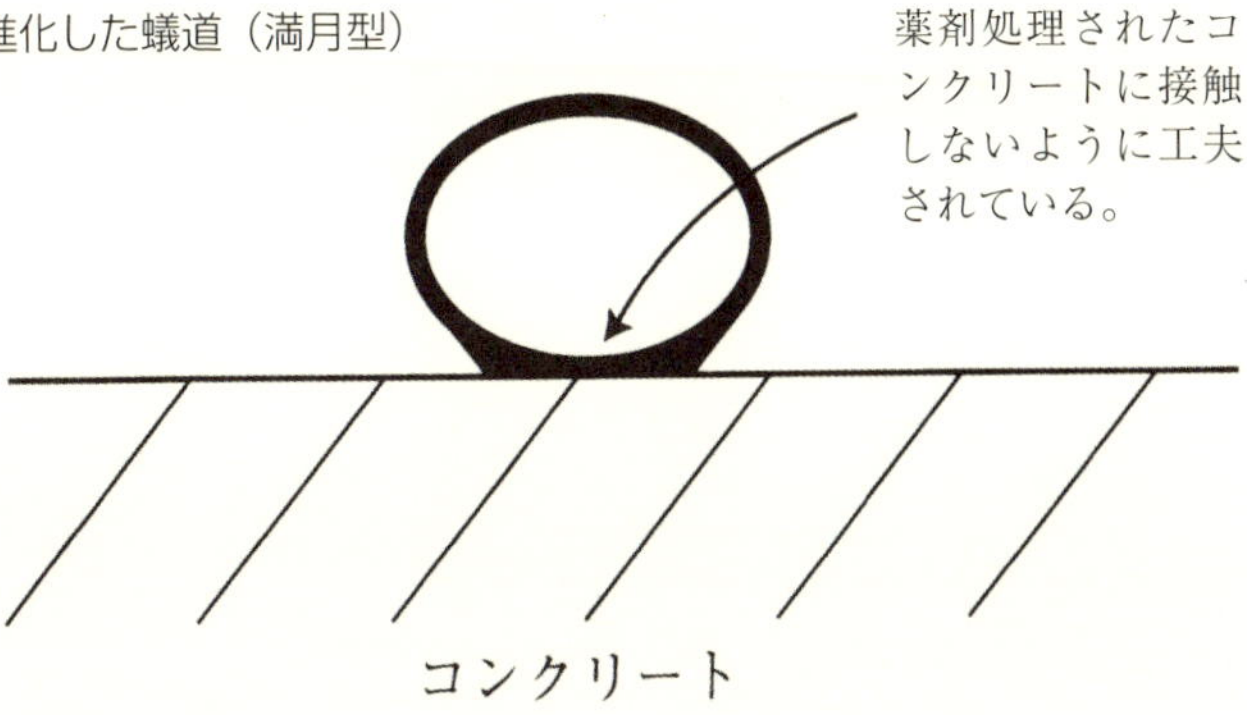
薬剤処理されたコンクリートに接触しないように工夫されている。
コンクリート

薬剤が処理されているコンクリートに触れないために、満月型の蟻道を作る。蟻道の中にジュータンを敷いた感じ。

シロアリの驚くべき習性　その5

シロアリは、天才建築家

根強い迷信がある。

「シロアリは暑ければ暑いほど活発になる」と。実はシロアリは、三十六度以上になると死んでしまう。正確にいうと腸内にいる原生生物が死滅してしまうので、セルロースを消化できなくなり、餓死してしまう。彼らは、温度には敏感に対応しなければならない。

三年前、私がある施設の中でシロアリ駆除工事をしていたときの話だ。この施設の中の住宅は、ほとんど木材がなく、コンクリートにペンキを塗った程度の室内。そのために建物の小屋組の木材に被害が集中する。

イエシロアリの巣には、本巣と分巣がある。本巣は通常は地下にあり、その中心には常時女王アリと王アリがいる。分巣とは、本巣と食害場所の中継地点として存在する。路線で説明すると出発する駅から、終点の駅までの間の各駅だと考えてもらえればいいと思う。

七月、八月になると天井裏は、外からの太陽熱で四十度くらいになるのだが、その中でシロアリの生きるためのすごい工夫を見てしまった。

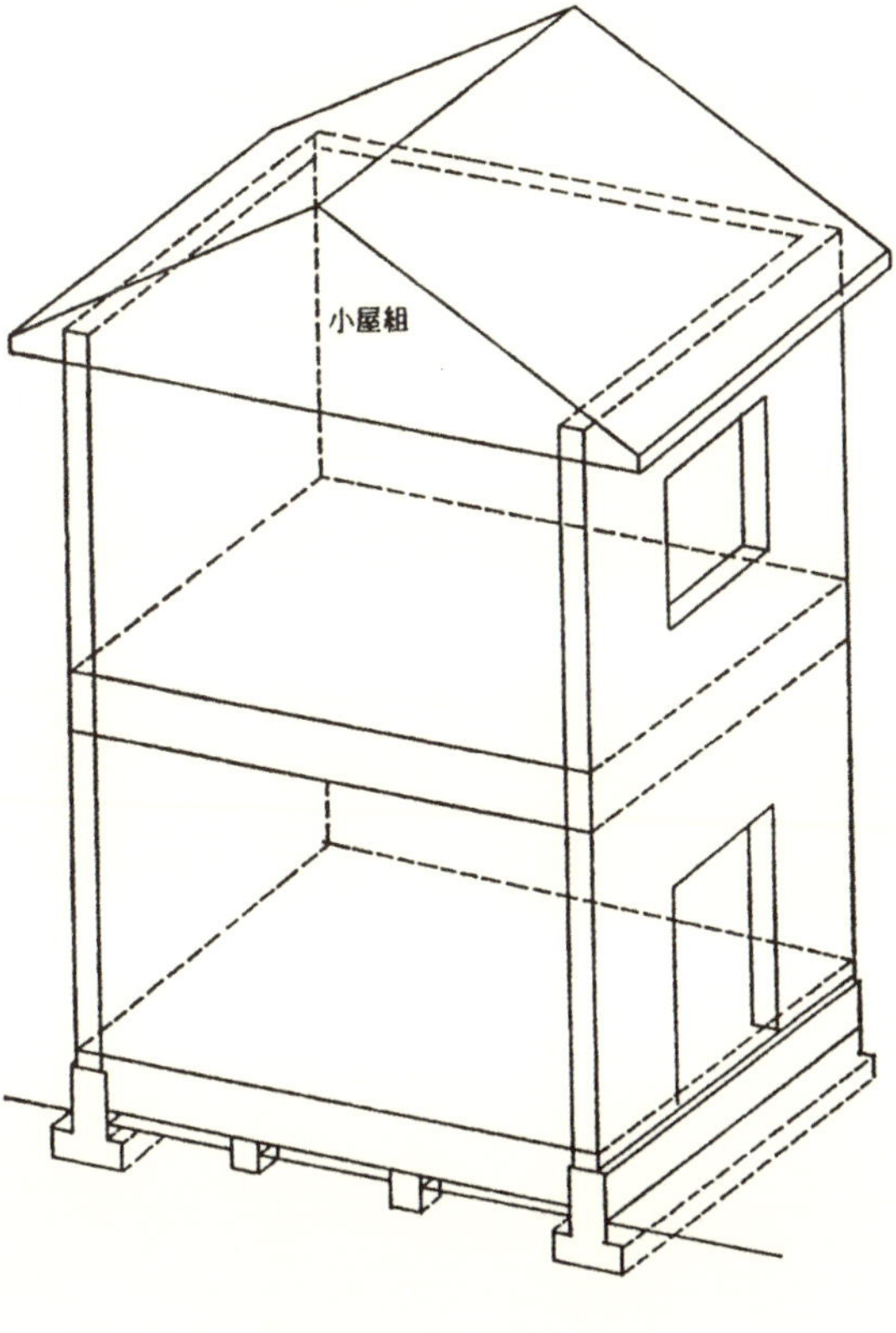

シロアリ及び腐朽防除施工の基礎知識
資料：（社）日本しろあり対策協会

というのは、四十度近い天井裏でのシロアリの分巣の壁は、熱対策で非常に厚く作られていた。厚さ十センチくらいはあったと思う。その分巣を撤去するときも、ハンマーとバールが必要なくらい硬くてまるでコンクリートのようだった。

これだけですごいといったわけではない。

実は、シロアリは場所によって分巣の壁の厚さを調整する。シロアリの分巣はよく床下や押入れから見つかることがあるが、その際に壁の厚さを確認すると一センチから二センチくらいしかない。明らかに四十度くらいまで暑くなる天井裏とは厚さが違う。

シロアリは悪環境下では巣の壁を厚くして熱対策をするが、環境の良い所では巣を構築する作業行程を軽減するために薄くする工夫をしている。まったく大した生き物である。

■人間もかなわないシロアリの最新技術

さらに、衝撃の事実がある。

シロアリは昆虫界の天才建築家と呼ばれている。なぜなら彼らの作るアリ塚は人間の技術では成しえない、実に優れた建築物なのだ。

もしシロアリが人間と同じ大きさだったら、アリ塚はエンパイアステートビルの４倍、高さ千五百メートルの超高層ビルとなる。かつて人間はこれほど大きな建物を建てたことはない。これをなんなく作ってしまうだけでなく、そこには優れた天然の空調設備をも備えているのである。

アリ塚の中は、シロアリの体温と湿った木くずの発酵熱や外からの太陽熱で温められるのであるが、温度が上がり過ぎると温かい空気は上にあがっていき、塚の上にあけられた穴から外へ排出されていく。と同時に新鮮で冷たい空気が中へ入ってくるため、塚の気温や湿度はうまく調整されるのだ。

まさに、自然の摂理にしたがったエコロジーシステムである。

そのエコロジーシステムに眼をつけた建築技師がいるらしい。彼の名はニック・ピアス。「人間の建てたビルの中の温度を常に一定に保とうとすれば、機械設備とばく大なエネルギーが必要です。これはアリ塚に比べると非効率的な方法といえます。そこで私は、アリ塚的空調システムを人間のビルに取り入れようと考えたわけです」

ジンバブエのハラーレ市に完成したイーストゲートショッピングセンター。冷暖房設備がない。あるのはアリ塚をモデルにした換気道だけだ。

中央アフリカに位置するジンバブエのハラーレ市街に作られたあるオフィスビルは、アリ塚的空調システムを採用したビルだ。ビルの中の温かい空気が、ビル屋上の煙突から排出される仕組みになっている。アリ塚と同じ構造なのだ。

ただ残念なことに、空調システムとしては、十分な効果が得られなかった。結局はビルの底部に大型のファンを取り付けて、空気を巡回させる手助けをさせた。機械の手助けを借りたとはいえ、このアリ塚ビルの消費するエネルギーは通常のオフィスビルが使用するエネルギーの半分だという。

これは大きな成果であると同時に、新世代の省エネシステムとして、今後の建築物に大きな影響を与えるに違いない。

■シロアリ対人間の戦い

シロアリは生きていくために、いや、死なないために過去のデータを経験則として、子孫（遺伝子）に受け継いできた。

ちょっとミステリアスに表現してみたが、もはや機械的とはいえ、これほどの経験則を持つシロアリは、人間の脳に匹敵するぐらいの文明に到達したといっても過言ではない。

これほど生物として高度な知能（？）を持つシロアリに対して、無知な我々シロアリ駆除業者が戦いを挑むためには、当然バックボーンが必要となる。

「情報を制するもの戦いを制す」という格言にあるように、戦いを挑む前にまず相手の情報、すなわち、シロアリのことを知らなければならない。

シロアリ駆除業界は、他の業界には例を見ない、有名大学、国立大学の先生方が関係して外郭団体を組織している。その組織を（社）日本しろあり対策協会という、国土交通省が監修する非営利団体だ。

シロアリのことを勉強するにも、学者・研究者の研究資料をもとに知識を深める。薬剤一つ開発するにも、大学の研究者の知識、薬剤メーカーの技術、シロアリ駆除業者の経験、その三者の力を合わせる。医療の場でも同じようなことがいえる。

例えば、あなたの体の調子が悪いとしよう、まずお医者さんに診てもらうために、病院へ出かける。最初は、お医者さんの問診から入り、続いて疑わしいところを診察する。その手順は「医学書」にのっとって進められるわけだ。必要があれば、レントゲン・尿検査・血液検査等さまざまな検査をする。

診察した結果、原因は単なる風邪だった。そしてその風邪に対して薬を処方してもらい、安静にしてしばらくすると完治するだろうといわれる。病院に行けばよくある話だ。

しかし、そこまでいくのにも、大変な年月と膨大な費用、そしてたくさんの研究者・学者・製薬会社が関わっている。

それが体系化されているから、病気をやっつけることができる。

もし、体系化された情報システムがなかったとしたら、原始的になり、おそらくちょっとした病気でも祈祷師がきて厄ばらいなどをしていたことだろう。

今、時代は情報化社会といわれているが、シロアリだってちゃんと情報を利用している。その情報とは、つまり「遺伝子情報」なのだ。彼らは生命を左右する情報を別の形で体系化しただけなのだ。

このように、シロアリ駆除業界にもしっかりとしたバックボーンがあり、それがきちんと体系化され機能しているから、三億年分のシロアリの遺伝子情報に対抗できる。しかし残念なことに、これら強力なバックボーンがありながらもシロアリを１００％食い止めることはできない。

付録　シロアリの生態

シロアリは「アリ」と名付くが一般のアリ類とは関係が遠く、意外だがむしろゴキブリ類に近い関係にある。日本では十六種類から十八種類が生息しているが、住宅に被害を及ぼすのは、主にイエシロアリとヤマトシロアリ、それに少数ではあるが乾材シロアリがいる。社会性昆虫といわれ、一つの巣の仲間は五十万匹から百万匹の大所帯になることもある。完全な階級制に分かれており、その役割も分担されている。

上から、女王アリ、王アリの生殖階級、次にニンフ階級、そして兵アリ階級（兵隊アリ）、最後に食アリ階級いわゆる働きアリである。詳細は省くが、その全体の九〇%を占めている働きアリだけが木材を食べることができ、仲間へと食料を配給する。

シロアリは、食べた木材（セルロース）を消化する内臓機能がないために体内に原生生物を共生させ、それら原生生物にセルロースからブドウ糖へと分解させ、それを栄養源として生きている。

ヤマトシロアリの群飛（年一回シロアリが飛ぶこと）時期は、二月から四月の昼間。イエシロアリの群飛時期は四月から六月の梅雨時の夕刻に飛び出す。よくこの時期、電灯に

シロアリの羽アリ

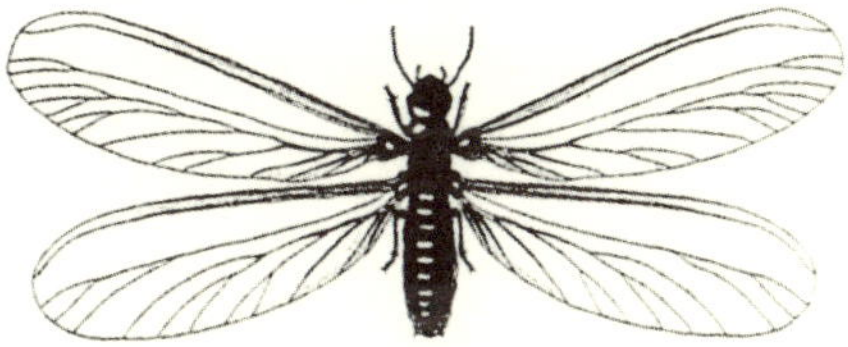

くびれがない

アリの羽アリ

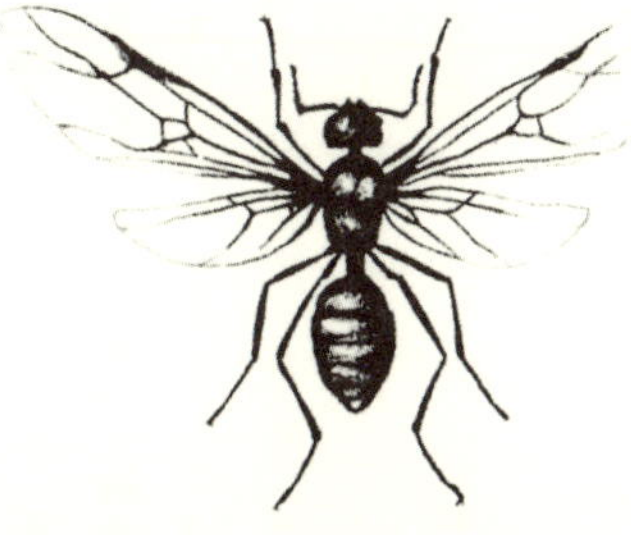

くびれがある

資料：（社）日本しろあり対策協会

集まっているのがこのイエシロアリだ。

イエシロアリ

シロアリの中でももっとも加害の激しい種類で、建造物や生立木に大被害を与えている。建造物や切り株、樹幹などの地下部や木材を加害する。水取り蟻道を通じて水を運ぶ能力があり、乾燥した小屋組のような場所でも湿しながら加害するので、加害範囲は建物全体に及ぶ。漏水や結露など水場があれば、地下とは関係なく営巣でき、鉄筋コンクリート建物の地上部分でも被害が増えている。コロニー（巣）のシロアリの数が百万匹以上にも達することがあり、巣から百メートルまで蟻道を延ばしたという記録がある。

ヤマトシロアリ

乾燥に弱く、湿った木の材中を好み生活し、蟻道を加工して地中やコンクリートの表面などを移動する。特別に加工した固定巣はなく、加害部の一部に生殖虫がおり、乾燥や高湿で条件が悪くなると生殖虫も含めて移動する。一般に三十度以上の高温になると地下部か心材部など温度の上がらない涼しい場所へ移動する。

シロアリの分布図

資料：（社）日本しろあり対策協会

シロアリの本巣と分巣

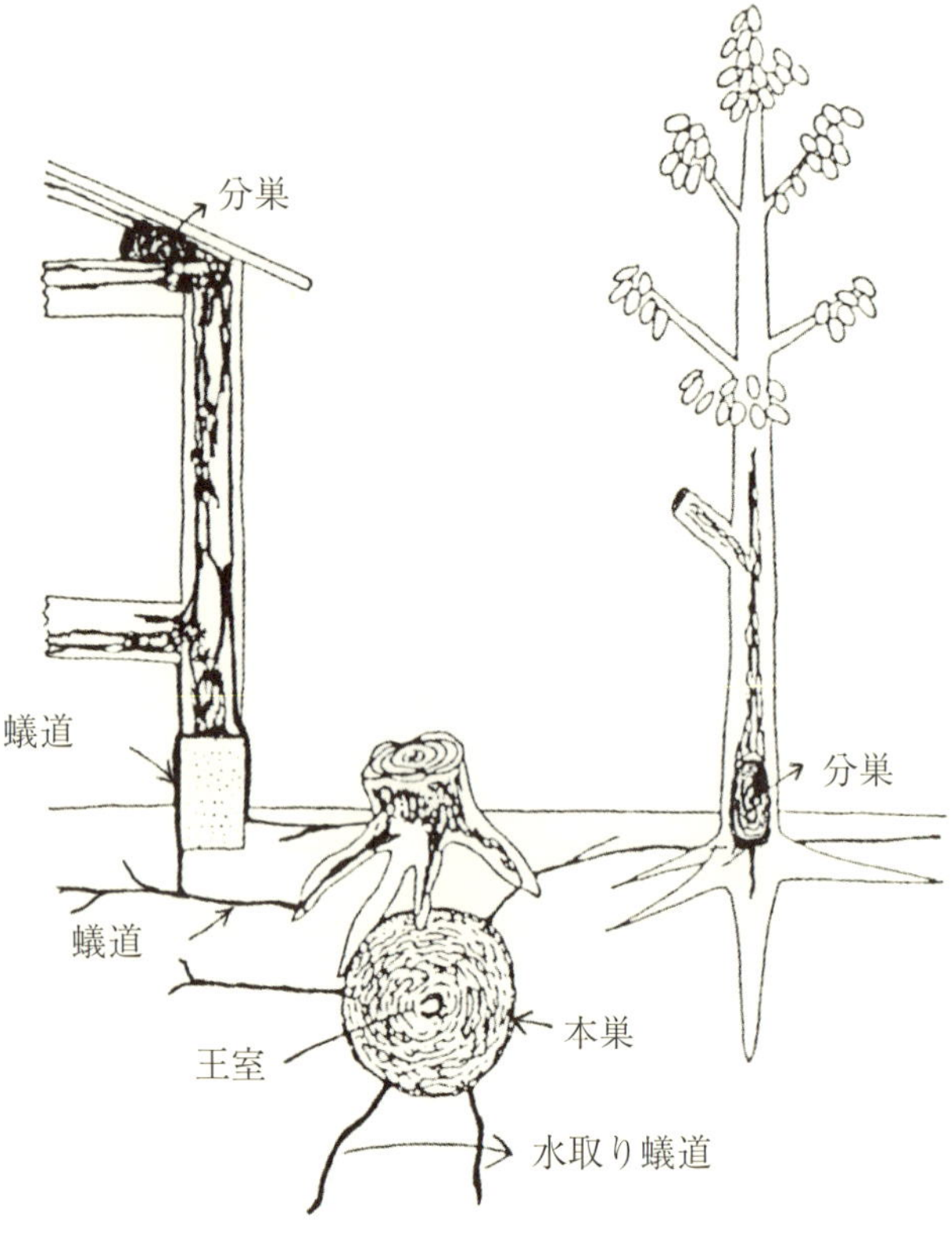

資料：（社）日本しろあり対策協会

第２章

現役業者が告白！　シロアリは止められない

■シロアリ駆除工事に関する一般教養テスト

問題、次の文章のうち、シロアリ駆除工事に関して適切な記述と思われるものに○を、不適切と思われるものに×をつけなさい。

（　）シロアリ薬剤は臭いがなければ効かない。
（　）新築時にシロアリの薬剤を撒いたので、10〜20年は大丈夫。
（　）床下にコンクリートを流してあるのでシロアリが入れない。
（　）シロアリ薬剤は万能薬で、ゴキブリ・アリ等の害虫も全部いなくなる。
（　）シロアリ薬剤を散布したので絶対に大丈夫。

「こういう質問をしているのだから、常識と異なる答えを用意しているんじゃないか」さすがです。見破られました。答えは、全部×である。しかしながら、一方的に全部×というと誤解を招くかもしれないので、説明を補足しておこう。

右の記述は、一昔前だったら全部○になったのだが、今では該当しない見解だ。

これらの間違った常識は、祖父からお父さん、あるいは友人知人、大工さんからあなたへと世代を通して伝えられたと思うが、その何十年の間にシロアリ駆除業界で使用されてきた薬剤は環境問題、特に人体への影響が重視され、次々と大きく変わってきた。

今や数年単位でさまざまな安全性の高い、シロアリ駆除薬剤が開発されている。一昔、二昔前のように、どんな害虫にも効果があるという強い薬剤は製造・使用禁止になっている。その当時の常識が一人歩きしている状態になっているのだ。

人間、身内（身近な人）がいっていることを一番に信じる。馬鹿にしているわけではないが、祖父もお父さんも友人知人も、これら間違った常識を伝えているだけである。それを正直に聞いてしまうと勘違いする。

「そうか、シロアリ駆除工事ってこんなものか」と、現実とはかけ離れた間違った情報を持ってしまうのだ。


シロアリ駆除薬剤は大きく変わったが、肝心のシロアリ自体のすさまじい習性は変わらない。

だから、シロアリ駆除工事の質が問われるようになってきた。以前の主流であった有機塩素系のシロアリ駆除薬剤は非常に強力で、撒いてしまえば何十年も効果があった。しかし、この有機塩素系のシロアリ駆除薬剤が環境・人体に影響があるとされ、昭和六十二年に製造・使用禁止になった。それらが原因となって、シロアリの再発被害が多くなってきたのが現実である。

裏を知ってしまうと、「えっ」と思うかもしれないが、これが議論の余地もない事実なのである。これらの事実が、やがて社会的にも影響を及ぼしはじめてきた。今から、その事実を紹介しよう。

■火災の被害より多いシロアリ被害

火災による損害はどれくらい出ているかご存知だろうか？

年間、なんと一千億円になるそうだ。特に秋から冬が非常に多くて、そのほとんどがその時期に集中するらしい。火事というのは、話題性があるのか、テレビなどのニュースで取り上げられ、翌日には新聞でも大きく取り上げられる。

ところが、この火事よりもさらに被害がすごいのがシロアリ被害なのだ。年間にすると火事の約二倍の二千億円になるという。金額にすると二倍ですごいことなのだが、いたって話題性がない。テレビのニュースで取り上げられたこともなければ、新聞の朝刊の一面を飾ったこともない。

このシロアリ被害、件数にするといったいどれくらいの件数になるのか？

実際に業界全体で数えたことはなく、その判断するデータがまとまっていないので何ともいえないが、恐らくかなりの数があるといえよう。日本全国で５００社以上のシロアリ駆除業者がそれぞれこの仕事でメシを食っているのだから、それなりに多いといえる。

独断と偏見で推測するが、交通事故の怪我より多いのでなかろうか？

■シロアリは再発するものと前提している

５月、「今年もまた忙しい時期がきたね」と、先日、あるシロアリ駆除業者の社長と話をしていたときのことである。

ご存知のとおり、シロアリは暖かくなると活発に活動する。九割方のシロアリ駆除業者もここぞとばかりに忙しくなる。１年を通してこの時期は特別だ。猫の手も借りたいくらい忙しい。しかし、忙しいのも、仕事が入って来ての忙しさならまだいいが、それだけではない。

この「忙しい」の中には、シロアリの再発処理もある。この時期に何件もの再発処理が出てくれば、業者の死活問題になることだってある。新規のお客さんの対応ができないからだ。

このことは、業者の名誉に関わることだから付け加えておきたい。決して手抜き工事をしたわけではない。一生懸命に努力しても、どうしても避けられないのがこの再発処理なのだ。

事実この社長は、この道三十年のベテランのシロアリ駆除業者で、常にシロアリのことを研究している向上心のある業者だ。私は、この社長に聞いてみた。

私「シロアリはどうして止められないのですか？」

社長「どうしてって、いろいろ理由はあると思うが、一番の理由は薬剤が変わったことじゃないか？」

私「以前と比べると弱くなったってことですよね」

社長「そうだね」

私「でも、これじゃ、お客さんからの信用がなくなりますよ」

社長「私は社員には、こういっている。シロアリが再発したら喜んで対応しなさい。その再発事故をいっぱい経験すれば、技術が向上するからだ」
私「ということは、再発はあるものだと思わなければいけないのですね」
社長「逆に再発事故がまったくないっていうような業者はうさん臭くないか？」
私「確かにそうですね」
このような会話は日常茶飯事。特別なことではない。
社長「再発事故が起こったちすぐに対応しなければいけない。これが業者の責任だ。もたもたして対応していたらそれこそ信用がなくなるからね」

■信用と面子《めんつ》で表に出てこない

この社長のように、正直にいう方は少ない。正直にいってしまうと、信用がなくなると思うからだ。面子も関係していると思う。

逆に、事実を隠して大儲けをしようとする業者は、こんなことをいっているのである。

「うちの会社は、シロアリの再発事故を起したことはありません」

「うちには経験豊富なシロアリ防除士がおりますから１００％大丈夫です」と。

こういうことを平気でいってのける業者は、どうせ仕事が欲しいだけで本気でシロアリを食い止めることを考えていない業者だ。

もちろん、例外もあるが、このような業者が儲かっているのが、また現実である。事実をいおう。いい加減な業者は、シロアリを止めることを深くは考えない。その代わりに「どうすれば、仕事を得ることができるか」について寝ずに考える。

どういう広告にすればお客を得ることができるのか？　どういう誘い方をすれば、相手が断れない状況にできるか？　徹底的に売り込み方を工夫するのである。

ただ「シロアリ薬剤を撒けば仕事になるだろう」と安易に考える業者が多くなり、お客さんとのトラブルとシロアリの再発事故も多くなってきた。

■大手保険会社がシロアリ保険から次々と撤退

数年前より、全国的にシロアリ駆除工事に関する損害保険が見直されはじめ、そして二〇〇二年、大手保険会社がこのシロアリ保険から次々と撤退して行った。この撤退の話は数年前から何度も持ち上がっていたが、その大手保険会社の社会的見地から見送られていた。しかし度重なるシロアリの再発事故で保険会社がついに撤退せざるを得ない状況に追い込まれ、解約となった。

このシロアリ保険は、何十年も続いてきた保険だったが、維持できなくなってきたのだ。このシロアリ保険、以前は黒字の保険だったが、最近では何年も続いて赤字ワースト3に入っていたそうである。

■私の失敗

実は、何を隠そう私も大変な失敗をやってしまった。恥ずかしいが、告白しよう。

あれは、十数年前、独立したばかりのころだった。独立したばかりだから、当然仕事がない。私は仕事を探すために集合住宅の隅から隅まで、家という家へ、もう軒並みに飛び込み営業を繰り返した。

飛び込み営業というのは、口でいうのはたやすいことだが、実際にやるのは大変なことである。これは本当にやった者にしか分からない。しかも一日や二日だけやるのではなく、来る日も来る日もそればかりである。足の裏の皮は全部むけてしまうし、魚の目ができて、立つことも辛い状況が続く。涼しい季節はまだましだが、真夏にはもうたまらない。

シロアリ駆除工事は季節もので、夏場が儲けどきなので、この季節にがんばらなければならない。「俺はこんなことをするために、故郷へ帰ってきたのかな？」という気持ちが出てきて、限りなく落ち込んでしまいそうになる。

「いい仕事すれば必ずいいお客さんに恵まれる」

これは私がサラリーマン時代に体で学んだことで、独立したてのときも幾度となくこの言葉に助けられた。

徐々に新規のお客さんにも恵まれ、なんとかやっていけそうな自信めいたものもできはじめていたが、やはり飛び込み営業を来る日も来る日も続けると、そのストレスが溜まり、不安になって来る。

ところが、いつものように飛び込み営業から、仕事をもらったMさん（本人の希望によりイニシャルにした）から好転しはじめた。

Mさんは、四十過ぎぐらいの体格のいい方で、実は設備会社を経営していた。そういうこともあって、Mさんにも逆にいろいろ質問をし、今の会社になるまでの大変だった苦労話を聞かせてもらった。

ありがたいことに、Mさんにかわいがっていただけるようになり、次々とMさんの知り合いを紹介してもらえた。Mさんの紹介で、大手住宅メーカーから仕事をもらえるようになった。十分すぎるほどの収入が入るようになった。

■一本の電話から地獄へ

それから、四、五年が過ぎて事業も安定し始めたころ一本の電話が鳴った。

「もしもし、岸本さんちょっと時間作ってもらえるかな?」と、住宅メーカーの現場監督から呼び出された。

急いで待ち合わせの場所まで行った。

現場監督が先に来ていた。その家は以前に私がシロアリ駆除工事をした家だった。「岸本さん。こっちこっち、これちょっと見て」といわれたので、私は恐る恐る玄関から家に入った。

ア然とした。押入れの本やら布団がシロアリに食べられているのだ。

ご主人には、丁重にお詫びをして早速、シロアリの再工事の予定を入れた。

ご主人といろいろやり取りをしている途中に、その現場監督が外に出て電話で何やら謝っている様子がうかがえた。話を終えて外へ出てみるとその監督が、「もう一棟あるんだけど…」。

「もう一棟って、シロアリがもう一棟でも出たってことですか?」

「そうだよ、今度のご主人さんは覚悟しておいた方がいいよ」といわれた。

マーフィーの法則とはよくいったもので、偶然にも二棟でいっぺんに出たというのだ。

私は耳を疑ったが、その監督の眼の真剣さからして冗談とは思えない。

それから移動して、その施主のところへ向かったのだが、その車中でいろいろと考えが錯綜して動揺していた。

「なぜだろうか?」

脱力感と疲労感が一気に襲ってきた。

いくら考えても分かるはずがない。早く現場について、状況を見たかった。

現場に着くと、ご主人が私を鋭く睨んだ。

ご主人が怒るのも無理はない。私は言い訳する気はまったくなかった。黙って下を向いたままだった。現場を見ると、敷居、鴨居、階段から天井板の周りふちまでシロアリが食い荒らして、「これはひどい」、一瞬頭の中が真っ白になった。

数日後には、すべてを終えたが、ご主人の怒りがおさまる様子がない。立場が逆だったら私もそうしていただろう。次の日も次の日も呼び出されては叱られた。

もちろんご主人からの信用がなくなったのはいうまでもないが、その後今まで取引させてもらっていた住宅メーカーからも極端に仕事が少なくなっていった。一瞬のうちに周りの人の信用を失った。安定し始めた生活も失った。もちろん私のシロアリ駆除工事に対する自信も根元から崩れた。

第3章

究極のシステムがやって来るまで！

■最初のハードル

当時から分かっていたことだったが、私の会社は大手住宅メーカーに依存した経営状態だった。こうした偏った経営は非常に危険な側面をはらんでいた。その住宅メーカーに何かあれば共倒れ、あるいは取引が中止されれば一瞬にして仕事がなくなる。頭では分かっていたが仕事に追われて対策を取っていなかった。

そこへ今回の再発事故が起こった。心配していたことが予想より早く降りかかってきたのだ。こうなったのは自分の責任だが、これ以上シロアリの再発事故が出てきたら精神的に持たなくなってしまうことは明白だった。

私は以前から、アメリカからベイト工法という新しい工法が日本へ入ってきていることを知っていた。シロアリの生態を利用して、巣ごと駆除するという画期的な工法だった。巣を駆除するということは、これほど安心できることはない。非常に興味を引かれた。

しかし、このベイト工法のDシステムは、一部の業者でしか取扱うことができず、また取扱いができたとしても、さまざまな制約があって非常に売りにくい商品になっていた。

当時、この画期的な新工法はＤシステム以外、他には存在しないだろうと考えられていたし、その情報もまったくなかった。しかし私は、「同じ轍は二度と踏みたくない」とワラにもすがる思いで画期的なシロアリ駆除方法を自分で探そうと行動した。

■インターネットで世界中を検索

心身ともに困窮した中で、その方法論を試行錯誤した。

「インターネットだ。それしか最新の情報を得る方法はない」

ＩＴ革命（インターネット）によって、個人と企業との情報格差がなくなり、大企業だろうが、個人だろうが、誰でも同じ情報が得られ、誰でも主役になれる。そう思い、インターネットを通して世界中の情報を検索した。

「検索した」と簡単にいってしまえばそれまでだが、いろいろなハードルがあった。

まず、私は学生時代に英語の教科書を開いた記憶がないので、英語とはかなり縁がない。そのため、世界中をインターネットで検索するには、翻訳ソフトが必要になってくる。そこで、適当な翻訳ソフトを探して作業に入った。

まず、検索エンジンに「Termite（「ターマイト」英語でシロアリ）と入力して探してもらうのだが、当然のことながら英文で表示される。

検索されたホームページの英文はこう出た。

What termite are, what they do, and why they do it. Information on how to avoid problems, some pointers choosing a pest controller, and some odd termite links.

「はは〜ん。こう出てきたか。だが俺には怖いものない！　なんたって翻訳ソフトがついているのだからなあ」と独り言をいいつつ、「翻訳」のボタンをクリックした。

そして。英文から日本語に翻訳された文章がこれだ。

「シロアリがそうであるもの、（彼・それ）らがすることと（彼・それ）らがそれをする理由。問題を避ける方法に関するインフォメーション、害虫コントローラーを選択することについての若干のポインタと若干の奇妙なシロアリリンク」

「…？」

なにをいっているのか訳が分からない。もう一度「翻訳」ボタンをクリックした。だが結果は同じだった。

「なんだこれは？」

あわてて、別の段落を翻訳した。

Termites? Well, six long years ago this site began as just another dawn-of-the-web homepage telling you dawky facts about me and the things I do (I work with the critters) then it became obvious that most people weren･t dropping by to offer interesting jobs (or challenging consultancies, sigh, always after a good challenge!), they just wanted fast answers.So the site has grown up a litte.

この英文をこう翻訳した。

「シロアリ？　まあ、６つの長い年月前にこのサイトはただもう１つの者各の夜明けとして私についてあなたに含巧事実を話しているホームページと私がすることを始めた。（私は家畜のために働く）それでたいていの人々が面白い仕事を申し出るためにひょっこり立ち寄っていなかったことが明白になった（あるいは挑発して、常に良い挑戦の後に、ため息をつけ！）（彼・それ）らちょうど速い答えを欲する。それでサイトは少しは大きくなった」

「…？」

まるで日本語になっていない。まるでインディアンと会話しているようだ。なんでそうなるかについて考えたが、答えが出るはずがない。最初から挫折しそうになった。


次の日、翻訳ソフトを購入した店に電話をして聞いてみた。

「あのー、昨日そちらで翻訳ソフトを購入した者ですけど」

「ありがとうございます」

「翻訳した日本語がチンプンカンプンなんですけど、どうしてでしょうか？」

「設定を調整してみてはどうでしょうか？」

「設定」

「はい」

「設定というと、どういうことでしょうか？」

「取り扱い説明に書いてあると思います」

「ああそうですか。読んでそのとおりやってみます」

「ガチャ」

そして、説明書を隅から隅まで読んで、そのとおりにやってみたが、前回とあまり変わらない。また電話してみた。

「あのー、説明書どおりにしてみたんですが、あまり変わらないですが」

「そうですか。英語から日本語への翻訳は非常に難しくて、しょうがないですね」

「しょうがない？」

「そうです。あれが今の翻訳ソフトの限界なんです」

「それを早くいってくれ」

（今でこそ、高性能の翻訳ソフトがそれこそ無料で出回っているが、当時は使いものにならないソフトが、しかも高価格で出回っていた）

■失敗・失敗・失敗の連続

だったらその条件で進めるしかない。私は、その意味不明の翻訳された日本語を次々と必死で読んだ。

しかし、ちゃんと日本語になっていない文章を読むのは非常に疲れる。何度も「もう止めよう」と思った。

検索を進めているうちに、一つのコツを覚えた。翻訳ソフトは長文読解に弱いということである。それを教訓に一行一行、あるいは単語単語を翻訳し、それを文章にパズルのように組み合わせれば、なんとか理解できるようになった。

しかし、この方法はすぐにボツになった。時間がかかりすぎるからだ。一つのホームページを見終わるのに、二時間もかかってしまう。これじゃ何年かかるか分からない。

気が遠くなる。なかなか思うように進まない。

なにかいい方法はないものか？　いろいろ思考錯誤はしたが、なかなかいい方法が見つからない。

これだけの膨大な情報の中でいい商品を探すのは広大な砂漠の中から一粒のダイヤモン

ドを探すのと同じではないか？　と、このようにこの作業をイメージした。大げさかもしれないが当時はそう思うほど精神的に追い込まれていた。

「直感にまかせるしかない」

突然、そう考えた。ホームページにざっと目を通し、イラスト・写真に神経を注ぎ、インスピレーションを感じないホームページは、すぐに飛ばして次へ進んだ。

そして、気になる段落は先ほどの方法で一つひとつ翻訳した。「大事なところを飛ばしてないかな」とも思ったが、前向きに考えよう、いちいち気にしていたら時間がない。自分の直感を信じた。

作業は急速に進んだ。（と思うようにした）

勢いに乗った私は、次々と検索して、一つまた一つと次々に目ぼしいいくつかの有望な商品を見つけ出すことができた。

この単純作業を数週間おこなった。その甲斐あって、アメリカから5社の商品を探し出すことができた。どの商品も日本へまだ入ってきていない魅力的な商品だった。

早速、通訳の方へお願いして、そのメーカーとコンタクトを取ってもらうことにした。

通訳の方は、流ちょうな英語で米国とのビジネスをこなす貿易商社マン。その凄腕交渉術であっという間にメーカーからパンフレットとサンプルを送付してもらった。そして、商品が到着してからすぐに現場テストを試みた。

しかし、思ったほどの効果がでない。

こんな薬剤ではシロアリに学習されてしまいそうだ。

詳細は、第4章で述べるが、これではベイト工法の意味がない。

またあるメーカーからは、パンフレットとステーション（シロアリを捕まえて集めるためのプラスチックの容器）をサンプルとしてもらったのだが、肝心のベイト剤がない。パンフレットの詳細を通訳に簡単に翻訳してもらったが、「現在開発中」とのこと。話にならない。

ベイト工法の生命ともいえるベイト剤がないとは、そのメーカーに失礼だが、戦闘時にりっぱな銃はあるが、弾がないのといっしょである。

■やはり無理か・・

当時、その市場を独占していたメーカーの講習会で講師がこんなことをいっていた。

「このようにシロアリに学習されない、ベイト工法は数年間は市場に出てこないだろう。我々はこの商品開発に相当の資金を投入している。他社がそこまで資金を投入して商品開発をするとは思えない」とすごい自信だった。そのことが、脳裏をよぎった。


「やはり、無理か」

インターネットで検索したメーカーは、残り1社、あとのメーカーはさまざまな問題から見送ることにした。


ここまで、一日八時間、二ヶ月あまりパソコンの前に座り、インターネットで検索していたのだが、さすがに体に無理が生じてきた。

右手が腱鞘炎《けんしょうえん》で腫れ上がり、動かすと痛みがあった。生まれてから肩こりというものにまったく縁がなかったが、首の根元にコリコリとしたシコリができ上がり、痛さのあまり気持ち悪くなることもあった。眼の方もずっと画面を見ていたせいか毎朝起きるとき、眼球が乾燥して開けづらい。

もう、パソコンも見たくない。正直そんな気持ちだった。そして十二月になり、仕事を終え、いつものようにパソコンの前に座り、キーボードを叩いた。

その日は、この冬一番の冷え込みとテレビでは放送していた。風がヒューヒュー吹いて外は寒そうだった。寒さで右手が痛くなってきた。右手をシップするガーゼを巻くとキーボードを叩くときに効率が悪くなるので最初からしていなかった。ひざも冷え切ってガクガクしてきた。寒さと疲労で急に孤独感が襲ってきた。

手を止めて、タバコを吸いながら考えた。

「いったい俺は何をやっているんだ」

最後の砦のメーカーからまだ連絡がこない。

通訳に再三にわたり「連絡をとってくれ」とお願いをしていたのだが、もうこれ以上お願いするとしつこくなる。しかし、諦めるわけにはいかない。最後にもう一度無理をお願いしてメールを送ってもらった。

そして待った。

翌日も翌々日もアメリカからメールはなかった。

やはりダメか…。

私のはじめての試みはすべて失敗したかのように思えた。

■奇跡はこうしておきた

しかし、間もなく奇跡がおこった。

それから半月ほど経って、突然メーカーから連絡があったのだ。ビックリして飛び跳ねて喜んだ。諦めていたからこそ、そのうれしさは何倍にも感じられた。

よくテレビのドラマなんかで夢みたいなことが起きると頬をつねるシーンがあるが、それを思い出した。

早速、米国メーカーからサンプルを無償で大量に送ってくれた。さらに驚いたことに、わざわざメーカーの社長が直接日本へ来てくれることになったのだ。

普通ではないメーカーの対応に、「これは何かすごいことになりそうだな」と直感的にそう思った。

事態は一変した。メーカーの社長が来日することで、もう私だけでは対応できない。

私は慌てて、老舗のシロアリ駆除業者や大先輩のシロアリ駆除業者を巻き込み「新工法研究会」を発足して組織化した。

かくして年が明け、1月9日に私と通訳と二人でメーカーの社長との対面となった。

最初の打ち合わせでは「初対面だし今日のところは食事をして、自己紹介を兼ねてゆっくり話を進めていこう」と決めていた。

緊張した。そりゃそうである。世界的な一流メーカーの社長との対面なのだ。緊張しない方がおかしい。最初は、お互い紳士的な挨拶を交わしながら時が過ぎていく。

しかし、私は我慢ができずに切り出した。この工法の技術面、ベイト剤に使用される薬剤の特徴、実績等、単刀直入に聞いた。

社長も商品を片手に唾を飛ばしながらプレゼンをおこなっている。もちろん通訳を通しての会話だったが、その真剣な眼差しになにか伝わるものがあった。

この商品は、米国政府機関のＥＰＡ（米国環境保護局）認証の確かな商品であった。ＥＰＡ認証とは日本の政府機関でいうと環境省にあたる機関が認めたというものだ。その実績も、前年は米国の有名な建造物を含む、５万５千世帯の物件のシロアリ駆除を手がけたそうなのだ。ベイト剤の原体もこの工法ではベストだといわれている、キチン質合成阻害剤だった。

なにもかもがこちらの期待以上の商品だった。３、４時間はあっという間にすぎて夜の十二時を回っていた。

「もっと話を聞きたい」

後ろ髪をひかれる思いだったが、社長の長旅の疲労もあろうかと帰途についた。

その夜、興奮してなかなか眠れなかった。あの、パソコンの前に座り、狂ったように一日中キーボードを叩いていた日々が懐かしい。人間うれしいことがあると苦しい過去のことは忘れるようだ。

いや、まだ安心してはいられない。気を引き締めなければ・・・。その日、朝方になってやっと眠りについた。

■最後の難関

その朝、布団から飛び起きて通訳とホテルに向かった。

今日は、社長と三人でその商品の現場テストの確認のため、前もってモニターになってくれていたお客さんのところを回った。

しかし、半日ほど回ってメーカーの社長がとんでもないことを我々に要求してきた。

「これから日本のシロアリ向けにベイト剤の濃度を微調整しなければならない。アメリカのシロアリと日本のシロアリとでは種類が違うから、アメリカの濃度をそのまま日本で使うことはできない」と。

一同、納得した。

「その研究を君たちにやってもらう」

「えっ?」

あまりにも突拍子もない言葉にア然とした。

とっさに私は「そんなことはできない」といおうとしたが口を閉じた。

私だけではなかった。「商品を見たい」といって途中から同席した者も「我々がですか?」といったきり黙っている。

四人が黙っている。沈黙は語るとは、このことだ。

しかし彼は、いたって平然としていた。

通常、シロアリ防除剤の開発というのはメーカーの技術者と大学の研究者の両者の共同作業で開発される。我々といえば専門的な知識の分野も違えば、経験もない。

急に気持ちが重くなった。

簡単にできることではなかった。しかし、ここまでくるのに相当な労力と時間を費やしてきたことを思うとむげに断ることができなかった。断って彼の気を悪くさせてしまえば元も子もなくなる。

「心配ない。すべてはうまくいく」とポジティブにできるだけいいように自分にいい聞かせた。

早速メーカーから、混合された数種類のベイト剤が送られてきた。それを現場で使ってみて、一番結果の良いものを採用する運びとなっていた。

なぜこのような濃度調整をするのかというと、濃度が濃い場合はシロアリが「これは毒入りの餌だ」と学習し食べなくなるからだ。また逆に薄い場合はシロアリに対しての効力が落ちる。非常に難しい「サジ加減」なのだ。

また、このテストは環境の整った研究室でおこなわれるものではなく、過酷な条件の野外でおこなわれるためになにが起こるか予想がつかない。まして細かい作業のうえ時間がかかる。

予想どおり最初は思ったほどの効果がでない。シロアリがまったく食べないのだ。

そこから徐々に低濃度にしていったのだが、これもまた各現場（各県）で良かったり悪かったりで、成果が安定しない。

一度失敗すると、シロアリの学習本能で、しばらく退散するか、そこを避ける傾向がある。しばらくすると戻ってくるが、それまで他の現場を探さなくてはならない。

「これは根気との勝負だな」と深く腹をくくった。

生き物を相手にすることは大変な労力と時間がいる。その間、メーカーから何度も現場テスト結果報告の催促がくる。我々は何度かトライしたが、「これだ」という成果が上がらない。

■シロアリが教えてくれた

数ヶ月が過ぎた。濃度調整を手伝ってもらっていたベテランのシロアリ駆除業者の社長が、突然「目からウロコ」のアイデアを提供してくれた。

なんと、さまざまな各濃度のベイト剤をきれいに分別して一箇所にまとめ、それをシロアリに食わせていたのだ。そうすることでシロアリが勝手に食べやすい濃度のベイト剤を選んで食べる。

あれだけ苦労したのに、簡単にシロアリが教えてくれたのだ。

まさに「コロンブスの卵」的な発想。「あっ、そうか。何で今まで気付かなかったんだろう」と、みんなで大笑いした。

これは、効いた。すぐに濃度を絞り込むことができた。そのベイト剤をシロアリがドンドン食べていく。見事なくらいスピードが速い。三、四日でなくなる現場もあった。

とにかく食べてくれてはいた。だが、肝心のシロアリに効果があるかないかは分からない。結果を知るには、しばらく時間を要した。

そんなある日、いつものようにモニターになってもらっているお客さんのところへステーションの点検の行ったところ、変化が見られた。不思議なことにあれほどシロアリが入れ食い状態だったのに、一匹もいなくなっているのだ。

あわてて、お客さんに頼んで床下から天井裏・倉庫、そして敷地内全部をひっくり返して調べてまわった。

「いない、一匹もいない」

完全にシロアリがこの建物からいなくなっていた。急いで他のテスト現場も数箇所確認した。同じように一匹もいなくなっていた。「やった！　完成した」

誰もいない現場で一人狂喜してガッツポーズをとった。

そして、四国・九州・沖縄のモニターテストをおこなっている仲間にも連絡を取り確認したところ、すべての現場で成果が出ていたのだ。

■社長の判断

あとで聞いた話だが、この「濃度調整」、実は他の大学でも、その道の専門家がおこなっていたらしい。

じゃあなぜ我々にも同じことをさせたのだろう？　メーカーの社長が我々のこの商品にかける熱意を知りたかったらしいのだ。

後日、通訳を通じて、社長より「君たちは合格」との連絡があり、メーカーと総代理店契約を無事終えた。

そして、賽は投げられた。

早速、あるホテルの一室を借りてシロアリ駆除業者を集め、取扱い講習会をおこなった。一同真剣な眼差し。私も緊張した。そして、あっという間に講習会は終了した。

終了後に、取扱い業者を交えて懇親会をおこなった。何かを達成することほど気持ちよいものはない。ビールが胃袋に広がった。

「うまい」

小さな行動が次々と新しい経験を与えてくれた。

新工法の取扱い講習会（某ホテルにて）講師は著者

私の人生が突如、相乗効果を起こし急速に変わり始めた。トラブル中は「会社をたたもう」と思っていたが、今では過去のいい教訓になっていることに気付いて、驚いた。

隣にいた関係者が、なにか私にいってきた。「岸本さん幸運でしたね！　こんないい商品とめぐりあえるなんて」と。

私はいった。

「幸運？　……。運じゃなくて、自分で道を切り開いたんだよ」と。

第４章

自動的にシロアリが駆除されるメカニズム

■独創的なアイデアはあるか？

「Ｆ社のＤシステムのような画期的なシロアリ駆除方法が見つかるはずがないよ。もし仮に見つかったとしても偽物だよ」

私が「Ｆ社のＤシステムと同等品があるんですよ」といったときに受ける典型的なコメントである。

Ｆ社のＤシステムとは、新工法であるベイト工法の先駆者であり、当時はその市場を独占していた駆除方法だ。しかし、メーカーとシロアリ駆除業者の間がさまざまな温度差からギクシャクしており、また価格競争がないために、非常に高価なものとなっていた。

確かに、当時はＤシステムの独壇場で他に新しいものは存在しなかった。だが私の考えだが、画期的なアイディア商品に見えるＤシステムも独創的ではないと思っていた。

東京大学の教授でもある野口悠紀雄氏も著書『「超」発想法』中でこういっている。

『「発想や創造は、これまで存在しなかったものを新たに生み出すことだ」というのが常識的な考えだろう。「模倣を排して創造をめざせ」という類《たぐい》のスローガンが、それを表している。「超」発想法の基本原則は、この常識を否定することから始まる。何もないところに新しいアイディアが忽然《こつ》と誕生することはないのである。インスピレーションが天から突然降ってくるというようなことはないのだ。新しいアイディアは、すでに存在しているアイディアの新しい組み合わせや組み換えで生じる。この意味でどんなに独創性に見えるものでも、従来からあるものの改良なのだ。

商品名やＣＭコピーについても、明らかだ。新事業や新製品の大部分も、従来から存在しているものの組み換えや変形である』

他社のことをとやかくいいたくはないが、あえていったのには理由がある。実は、この新ベイト工法が販売されたときにさまざまな中傷があった。

「濃度が薄すぎる」「どうせ二流の商品だよ」「シロアリに学習されるよ」「類似品にご注意ください。当社は一切関係ありません」などなど。

正直いって、私は「使ってもいないのに、どうして決め付けるのだろう？」と内心ムッときたが、こういう中傷は、時間が経てばその効果は、疑いのない事実として知られるだろうと考えたので、いちいち反論することはしなかった。

しかし、「人の商品の物真似をして恥ずかしくないか」との、中傷にはあえて反論したい。商品を進化させる上で、他社製品から学ぶのはむしろ好ましいことである。これまでの電化製品の進化の流れを見れば一目瞭然だ。
問題は単なる物真似なのか、真似を通して商品を進化させるのかである。企業と企業は競争しなければならないが、こういう事実を曲げるような競争は避けたいのであるがどうだろうか？

話はそれたが、実はこの新ベイト工法は古くて新しい工法といわれている。というのは、シロアリから建物を守るために木片を建物の周りに埋め込んでシロアリを集め、焼いて駆除するという方法が中国・日本では古い昔からあるからだ。
よく注意してみれば、このようにすでにある方法として、過去に断片的に利用しているものである。しかしその断片的な方法を「キチン質合成阻害剤」と組み合わせることによって強力なシロアリ新駆除システムが生まれた。それがベイト工法なのだ。

それを先んじて商品化して市場に出したのはすごい決断だと思う。というのは、ビジネスの世界では、新しい画期的な商品というのは売れないという常識がある。見たことも聞いたこともない商品というのは消費者が警戒し売りにくい。それを浸透させるためにおそらく宣伝広官費などは数億円ぐらいは使ったのではないかと思う。

また、Ｆ社の営業マンも大変な苦労をしたことだと推察する。このことを思えばこの書面を借りて深く敬意を表したい。


さて、話を進めよう。第３章で紹介した新工法であるがこの章ではそのメカニズムを大公開したい。公開するにあたって重要なポイントが三つある。

そのポイントを理解すれば、シロアリが自動的に消滅するという、重力の法則に反するようなことが、素人のあなたにもある程度は理解することができる。

ここでは、シロアリの世界だけでは説明しにくい話を人間の生活にスライドして説明していきたい。

ここに、この本を読まなければまず知ることができないプロセスがある。ステップ・バイ・ステップであなたと一緒に確認していきたいと思う。

■ステップ1　シロアリを集めることに集中する

ステーション（木片の入ったプラスチックの筒）を建物の周りあるいはシロアリが生息していそうな場所に設置して集める。

■ステップ2　集めたシロアリをだます

捕まえたシロアリを傷つけず、逃がさず、気づかれずに、毒入りの餌を巣全体にいきわたるまで与え続ける。そして個々のシロアリが脱皮をしようとするときに、毒（脱皮阻害剤）の効果が現れはじめ、巣ごと絶滅する。

■ステップ3　継続的に建物を監視する

絶滅した巣が占領していた場所への、新しいシロアリの侵入に備えるため、ステーションで一日二十四時間、三六五日間監視する。

ステップ1
シロアリを集めることに集中する

■黙っていてもシロアリが集まってくる

冒頭に「今までのシロアリ駆除工事では巣を絶滅することは不可能に近かった。この不可能を変えるための常識がなかった。非常識の世界にあったのだ」といったが、なぜ非常識の中にあったのかを説明したい。

今までのシロアリ駆除工事は、床下などに薬剤を散布してシロアリの再侵入を阻止してきた。すなわち、シロアリ薬剤を床下全面に散布して、土壌と建物の間に薬剤の被膜（薬剤のバリア）を作り「面」で建物を守っている。

しかし、このベイト工法はステーションを建物の周りに埋め込み、「点」で守るのだ。

これだけでも、十分に非常識ではなかろうか？　常識的に考えれば、ザルで水をすくうようなもので、シロアリがステーションとステーションの間をすり抜けて建物に侵入するのではないか？　と考えるだろう。

この瞬間にすでに多くの方が間違いを犯している。

それを理解するためには、シロアリの地中での行動を知れば納得がいく。

そもそもシロアリが食べ物を探すときには、一本の蟻道だけを延ばして一直線にあなたの家に侵入してくるわけではない。進む方向に放射状にランダムにその蟻道を延ばしているのである。それをイメージするには、小さいころよくクジを引いて何かを決めるときにアミダクジをしたと思うが、あの形をよーく思い出して欲しい。あの網の目のような形のように何本もの蟻道を巣から延ばして、あなたの家の地中でシロアリが絶えず、ウロウロして食べ物を探しているわけだ。


そして、その習性を利用してステーションを地中に埋め込み、シロアリがステーションを探しあてるのを待つわけだ。

つまり、ステップ1の目的はシロアリを集めるだけ。こう割り切ると何も大きな仕掛けはいらない。小さな仕掛けで充分なのである。

この方法を釣りで例えると、あなたの家の周りに餌を仕掛けておいて、我々は餌に食いつくのを待って、一本釣りでシロアリを釣り上げようという単純なことなのだ。

具体的に説明しよう。

そもそも、漁法には二つある。今、説明した一本釣りと投網という漁法である。

シロアリ駆除工事をしたあとでも、時間が経つとシロアリがあっちこっちから再発して「モグラ叩き」状態になる場合があるということを、この本の中で説明した。それは建物と土壌との間に形成した薬剤バリアに隙間が生じるからだ。その原因は散布した薬剤の劣化・分解あるいは、均一に撒いていなかったという施工ミスから生じる。

そのことを投網で例えると、使いすぎて網に穴が開いてしまった。ということになる。せっかく投網しても、頼みの網に穴が開いてしまっていては何の意味もない。ズバリ、そこに従来の散布処理方式の問題があるのだ。

それでは、一本釣りに例えられている、この新ベイト工法は完璧なのか？

完璧とはいえない。シロアリの生態を知っている熟練の方なら誰でも「ノー」と答えるだろう。まれに、家の中の被害はすごいのにシロアリを捕まえることができない場合がある。

しかし安心して欲しい。このステーションを使ってシロアリを捕まえる裏技がある。

このような場合は、正攻法ではなくゲリラ的な発想で道具を釣竿から「モリ」に替え、磯釣りから素潜りに替えるような感じで魚を探して射止める。といっても実際には道具は替えないのだが、イメージ的にはそれに近い行動をとる。

それは、シロアリがいそうな場所を特定してそこでステーションを打ち込み捕まえる。ようするに「待つ」のではなく。捕まえにいくのだ。

しかし、下手に動いて攻撃しても確率が悪くなるだけだ。「下手な鉄砲も数撃ちゃ当たる」というような効率の悪いことはしない。そのためにも精度を上げる必要がある。

それを可能にする、キーワードが「カン」と「データ」だ。

■カンピュータとID野球

「カン」というと、すぐに連想する人が長嶋茂雄氏ではなかろうか?「カンピュータ」「野生のカン」と長嶋氏を表現する場合によく使われる。

長嶋名誉監督のカンピュータ野球も、基本的には状況の変化を予測しながら対応する。こういう場面ではこのように対応するということが「カンピュータ」に判断され、頭の中で理論付けされていなくてもとっさに体が反応する。

一方、その対照的な努力の人が野村氏である。野村氏は最初はまったく無名選手で、ノーマーク状態からプロテストを受けてマイナーな南海に入団した。

野村氏は、人一倍負けん気が強く、なにくそ根性で一軍に這い上がってきた「叩き上げ」である。プロの世界で叩き上げられた人は強い。なぜ打てないのか？　なぜそうなるのか？常に考えていたらしい。そしてそのプロセスを自分で理解しなければならなかったのである。

野村氏は常に、「どうしたら打てるのか？」「どうして打てないのか？」を日々悩み、そしてデータを蓄積し、それを応用してスーパースターの座にのし上がった。

誤解を恐れずにいうと、長嶋氏の「カン」に対して野村氏の「データ」であるが、いい換えれば、長嶋名誉監督の「カンピュータ野球」を理論付けして体系化すると野村氏の「ID野球」になるのではないだろうか？

■長嶋「カンピュータ」野村「ID野球」を応用

話をもとに戻そう。お目当ての魚を釣り上げるには、テクニックがいる。「カン」と「データ」が大事になってくるのである。

そのために新ベイト工法のオペレータ（シロアリ駆除業者）はベイト工法のヒット率（シロアリを捕まえる確率）の精度を上げるために定期的に集まり、このシステムの勉強会・情報交換を中国地方・四国・九州・沖縄の各所でおこなっている。

ベイト工法を扱いはじめた頃の我々技術者が、建物の周りにステーションを埋め込んでどのステーションでシロアリを捕まえることができるか？　ゲームをしたことがあった。

結果は、惨敗。ほとんどのベテランシロアリ駆除業者が外した。

説明するまでもないが、ベイト工法はシロアリに毒入りの餌を食べさせなければ何の意味もない。そのためにはシロアリを捕まえなければならない。もちろん、シロアリの習性で勝手にステーションを見つけて、捕まえることがほとんどだが、まれにシロアリを捕まえることができないことがあるのだ。そのためにも、日頃からシロアリ捕獲のヒット率を上げなければならなかった。

それは、実はすごく大切で大変な作業なのだ。

前にシロアリの生態のほとんどが不明といった。地下に住む昆虫だからというのが大きな理由だ。地上にいて観測が容易な生き物でも、いまだに生態が解明されていない生き物はごまんといる。

例えばパンダなどがその典型だ。パンダの生息地が中国の山奥というのは広く知られている。気性も穏やかでその姿は世界中で人気ものだ。しかし、その容姿もさることながら、非常に神経質な動物らしい。

今、そのパンダの生息地が脅かされ、わずか千頭にまで減少し、絶滅の危機に瀕している。中国政府はパンダを絶滅から救うために、自然界に生息するパンダを調査して対策を立てようと努力しているらしいのだが、一向に成果があがらないという。

その理由は、人間がパンダの生息している地帯に足を踏み入れることによって、パンダが敏感にその気配を感じ、警戒して観測が難しいとのこと。

そういった理由から、地中に生息する生き物の生態を把握することがもっと難しいのは容易に想像できるだろう。

私たちは、この困難といわれる地中にいるシロアリのヒット率を上げるために、三十一項目のチェックシートを作成して、三年に及ぶ期間と、４０００物件、６００００本のステーションの点検データを取った。

またデータだけではなく経験上の直感もフルに活用した。

その結果、シロアリを捕まえることが100%可能になったのか?

残念ながら、そこまではお約束できない。現時点で私が知っているシロアリを捕まえるノウハウは、正直なところ、完成されたものではないということだ。しかし、この方法は、全国の技術者によって確実に研究されてきた。


その結果を見る限りにおいて、確実にシロアリを捕まえる確率が高くなってきた。シロアリを捕まえることを100%にすることはできないが、20%、30%でもその精度を少しずつ上げていけばいいのだ。


有難いことにこのシステムのオペレータは研究熱心な方が多く、地道にデータを取ることを苦にしない。非常に心強い。

このチェックシートをマニュアル化してそのとおりにステーションを打ち込むのと、ただむやみに打ち込むのとで、ヒット率が2、3割も違ってくることが頻繁に起こってきた。

ステップ2
集めたシロアリをだます

■捕まえたシロアリは傷つけてはいけない

　このベイト工法を成功させる秘訣が三つある。一つ目は、突飛に聞こえるが、捕まえたシロアリは絶対に傷つけてはいけないということだ。もし殺そうものなら、このシステムがフリーズを起こし動かなくなる。

　メーカーの社長が私にこういう質問をしたことがあった。

「ヨシ、あなたは女性を口説くときにどのように口説くか？」（岸本善男のヨシを取って、彼にはそう呼ばれている）。私は答えに窮した。

「ハッハッハッ」笑いながら彼がいってきた。「女性を逃がさないためにはやさしく接し、言葉を選んで会話をして、その女性に気に入られようとするのでは？」さらに、「新ベイト工法を円滑に進めるにはこのような感じで接し、シロアリも傷つけてはいけないよ」。

新ベイト工法と競合するいくつかのベイト工法は、ステーションで捕まえたシロアリをベイト剤へと移行するために、シロアリを取り出さなくてはならないのだが、これは、ステーション内で木片を食べているシロアリを刺激して、逃避行動（逃げる行動）を取られる可能性がある。

せっかく捕まえたシロアリを逃がしては元も子もなくなる。彼はそのことをいいたかったのだ。イエシロアリならまだしも、ヤマトシロアリなどでは致命傷になりかねない。

新ベイト工法ステーションは点検のために木片を動かしたり、ベイト剤を入れ替えるためにシロアリを取り出すことは一切しない。そういう、優しい思いやりのある設計をしてある。新ベイト工法では、木片をステーションの中央に挿入せずに、ステーションの外壁の内側に設置することで、ステーションの真ん中に大きな空間を確保することができた。

そしてこの空間を確保することにより、点検の時に木片にシロアリが食いついているかどうか肉眼で確認することができ、シロアリがいることを確認すると、シロアリを傷つけずにその中央の空間にベイト剤を挿入することが可能になった。

メーカーの社長は、「今あるベイト工法の欠点を新ベイト工法はすべて解決した」と、強い口調で一言いってきた。さらに「もっと進化する」と、自信満々にいった。

話はそれるが、実はこの工夫が、クロウト好みするらしい。

全国の老舗シロアリ駆除業者が「これいいよ」と非常に喜んでくれ、「私たちも扱いたい」と、あれよあれよという間にメーカーとライセンス契約をしてくれた。

私は「さすが職人。シロアリのことをよく知っている」、そう思った。聞くところによると口コミもあって取扱い代理店が三〇〇社にもなった。これは異例中の異例だ。毎年、シロアリ薬剤は各メーカーが新製品の発表をしているが、こんなことは今まではなかった。

ちなみに日本における新ベイト工法での取扱い代理店数は、圧倒的ダントツの人気である。

■捕まえたシロアリを「アメ」でだます

二つ目に大事なことは、捕まえたシロアリを逃がさず、ベイト剤を巣全体のシロアリに食べさせることである。

欲張りにも、その両方を簡単に解決したのが、高純度のセルロースである。この高純度のセルロースも他のメーカーにはない、面白い効果がある。

また釣りに例えるが、まず釣り糸が強くないと、せっかく釣った魚も、途中で切れて逃げてしまう。その釣り糸の役目をするのがこの物質なのだ。つまり、シロアリがもっとも好む食べ物を与えて逃がさないようにするのだ。

前にも述べたが、シロアリが木材を食するのは含有しているセルロースを栄養源としているからだ。通常の木材に含有されているセルロースは50％くらいだが、この工法で使うセルロースは非常に高純度・高濃度で通常のセルロース含有量のなんと約2倍にもなるのだ。

おいしいはずである。人間でもそうだが、うまい食べ物には目がない。シロアリにとって高純度・高密度のセルロースは大の好物だ。さらにこのセルロースに水を加えてシロアリに食べやすくしてあるので、食しているシロアリは興奮している。

興奮したシロアリは仲間にも知らせるために、誘導フェロモンという仲間を誘う物質を出す。かくて、ランダムに動いていたシロアリがほうぼうからベイト剤の入ったステーションへと集まり、ベイト剤が巣全体のシロアリにいきわたる。

川が高い方から低い方へと流れるように、習性という自然の摂理に従って、巣全体のシロアリに高純度セルロースに混合された脱皮阻害剤がまんべんなく浸透するのだ。

■80対20の法則

シロアリの巣は大きくなると、なんと百万匹以上にもなる。これはめずらしいことではない。その百万匹全部にベイト剤を食べさせるということは、百万匹全部がこのステーションに行ったり来たりして集まるのか？　という疑問が湧く。誤解を恐れずにいうと、そうではないらしい。あなたは、80対20の法則というのを聞いたことがあるだろうか？

この法則は、アメリカの学者が発見したものなのだが。今では世界中の経営者、中間管理職、ビジネスマンが活用している。日本でも大企業となると必ず、会議等には頻繁に出てくる。また読書家なら誰でも知っている理論なのだ。

どういう法則かというと、簡単にいうとあらゆる組織（家族・会社・国家）の８０％の利益は２０％の人で上げているというのだ。もちろん例外もあるが、大体はこの法則のままに組織は動くというのだ。

「利益の８０％は２０％の顧客がもたらす」「成果の８０％は２０％の時間で得られる」という。

元々、この法則は製造業でよく使われたらしいが、いまではあらゆる機関が採用している。（詳しく知りたい方は「人生を変える80対20の法則」リチャード・コッチ著、仁平和夫訳、阪急コミュニケーションズを読んで下さい）かなりインパクトがある。

ここで、この法則をシロアリ社会にスライドしてみると、巣全体のセルロース消費量の８０％が２０％の働きアリで働き出されているということになる。

■シロアリに学習されずに巣ごと死滅させるメカニズム

最後になるが、ベイト工法を成功させる三つの秘策のうちで、もっとも「メインディッシュ」、大事なプロセスである「脱皮阻害剤」の効果について述べたい。

「日本で危険な伝染病に感染してしまった」と仮定してほしい。その後の対応はどのような流れになるか？　まずその感染ルートを徹底的に探ろうとするだろう。

誰から伝染ったのだろうか？　どこで伝染ったのだろうか？　国内か？　それとも、外国で伝染したのか？

ちょっと調べればすぐに感染ルートが分かる。そして瞬く間に感染ルートが特定され、それなりの対応がなされるだろう。その対応の早さから、少数の感染者で止まる。

このシミュレーション、なぜ感染が広がらないのか？　私は二つの理由に思い当たった。

まず一つ目は、感染した人がすぐに発病したから。

このような騒ぎになるのは、まず、発病した患者がいなければ誰も分からない。分からないということは、知らない間に感染者が増えるということになる。多くの伝染病は感染してから発病するまでの期間が短い。実はこのことが幸いしているのだ。

二つ目は、その後の素早い対応。

このことは先進国では当たり前、素早く対応しなければさらに感染者を増やしてしまう。

恐らく、このような事態に対応するための「マニュアル」があるはずだ。その、マニュアルに沿って対応すれば、恐ろしい伝染病も小さい被害で抑えることができるのだ。

しかし、今までの常識を破って、世界中を震撼させている伝染病がある。それが、エイズウイルスである。

この伝染病は、普通の伝染病とまったく違う。体の防衛機構をダメにする病気で、エイズウイルスの直接の働きで死ぬのではない。エイズが免疫の本拠地を襲ってそれを破壊し、普通なら発病しないような病気で亡くなるわけだ。

また厄介なことに、このウイルスに感染しても症状がなく。さらに潜伏期間が五年から十五年と長く、その自覚症状のない患者が次々と感染者を増やしていくのだ。

米国前大統領クリントン氏が大統領演説の中で、「人類史上かつてない敵」と、人類滅亡の危機を訴えた。現状からして深刻な問題なのだ。

例えは悪いが、賢明な読者の方なら、私がこの例えを持ち出してベイト工法の命である「脱皮阻害剤」の効果を説明するわけを分かってもらえたと思う。

そう、このようなことを、シロアリの巣の中でも起こすのが、この「脱皮阻害剤」なのだ。ベイト剤に即効性のある殺虫剤を使用すると、シロアリが食べたあと、巣の仲間に分ける前に死んでしまう。死んでしまったら瞬く間にシロアリ社会のなかで感染ルートが特定され、シロアリが巣を守るために学習してベイト剤を食べなくなってしまう。

シロアリの巣の仲間は、五十万匹から百万匹ぐらいといわれている。その仲間全体にベイト剤を食べさせるのは、かなりの時間がかかると考えられる。そのため、感染から発病までの期間を長くする必要があるのだ。

節足動物は体内に骨格を有している哺乳類とは違い、外骨格という骨格を備えている。

シロアリは、節足動物に属する外骨格を備える昆虫だ。

したがってシロアリは、成長するたびにその外骨格を脱がなければならない。そのプロセスを脱皮という。

この脱皮阻害剤は、シロアリに直接作用するわけではない。食したあと、しばらくして脱皮をしようとしたときに、脱皮ができなくなり死んでしまう。二次効果なのだ。

つまり、シロアリが知らぬ間に次々と仲間が感染し、ある時期に巣の中のシロアリがいっせいに発病（脱皮できなくなり）して、巣ごと駆除できるのだ。おそらく、シロアリが口をきいたら、こういうはずだ。

「シロアリ史上かつてない敵」と。

■シロアリの巣が絶滅する前兆

もちろん疑問もある。典型的な疑問は、こうである。

「地中にあるシロアリの巣が駆除されたってどうやって分かるの？」

そのとおりである。確かに、シロアリの巣を直接に確認できないのに「駆除できている」と断定するのもおかしいが、それなりの根拠があってのことだ。

その根拠とは、シロアリの巣が絶滅するときにある一定のメカニカルな前兆だ。シロアリの巣の中で、今までのバランスが崩れ、予測された前兆が起きるのである。

前兆は左記のとおり、

① ベイト剤を食べる量が低下する。
② シロアリの動作が一段と鈍くなる。
③ シロアリの体が白墨のように白くなる。
④ 働きアリに対して兵隊アリの比率が圧倒的に多くなる。
⑤ ベイト剤の中に兵隊アリの頭だけが残っている。
⑥ シロアリの姿が見られない。

①②③は、明らかに脱皮の時期が近くなり、体に異常が見えはじめている。
④⑤に関して補足しよう。実はこの脱皮阻害剤は、働きアリのみにしか効果がないのだ。というと、ビックリすると思うがどうか安心して欲しい。言葉を替えて説明すると、その効果は働きアリだけで良いのだ。

シロアリの巣の中では、働きアリの仕事がほとんどである。その中で、もっと大切な食べ物の調達ができなくなるとどうなるか。そう、その他の階級のシロアリは餓死してしまうのだ。

脱皮阻害剤の影響で最初に働きアリが脱皮できなくなり、死滅してしまう。だから段階的に④の状態になり、そして女王アリ、王アリ、ニンフ、兵隊アリ、すべてのシロアリが働きアリからの食料が絶たれ巣全体が最後には滅んでしまう。

シロアリの巣は、機械的に予想された段階を踏んで駆除されるのだ。だから、絶滅したと推定できる。

どうでしょうか？　すごいでしょう。しかも、このように効果的にシロアリ駆除をしても、使用したベイト剤に含まれる脱皮阻害剤は、総重量2キロに対してわずか1グラム。

現段階では、ベイト工法のなかでも「この新ベイト工法は世界一薬剤量の少ない」商品だといえる。食塩よりも安全性が高いのだ。

そして、この脱皮阻害剤がシロアリ用ベイト剤の中でも、もっとも効果的なタイプの有効成分であることは米国でも実証されている。

ステップ3

継続的に建物を監視する

■電源なしで一日二十四時間、三百六十五日監視する

「それでは、シロアリを巣ごと駆除したら、100%安心か?」

答えは「ノー」である。

シロアリは巣ごとに、完全に独立している。同じ仲間であるシロアリでも巣が違うだけで、縄張り争いをする。なぜシロアリは別の巣のものだと分かるのかというと、フェロモンが巣ごとに違うのだ。(フェロモンとは、シロアリ社会のまとまりを統制するために、体内から出す物質で巣の内部の指示信号として機能する。フェロモンは各巣、特有の物質)

私も現場で実験したことがあったが、別の巣の働きアリを取ってきて、そこへ放り込むと兵隊アリがやってきて追い出したのだ。

このことから推察すると、巣と巣の間にはテリトリーがあって奪いあいをしているという仮説が考えられる。そうすると、たとえ今、被害を起こしているシロアリの巣を駆除し

ても新しい巣が勢力を伸ばして、また被害を及ぼす可能性があるのだ。

また、そこにシロアリの巣があったということは、環境的にはシロアリの住みやすい環境となっているのだから新しいシロアリが遠くからやってきて、環境が適した場所に巣を作るのは自然の道理なのだ。

そのためにも、継続的なシロアリの監視をすることが重要になってくる。

従来工法の建物の監視は、さまざまな問題点があった。第一に、床下・天井裏を点検しなければならない、そのために、お客さんとコンタクトを取らなければならない。「お客さんと連絡を取って点検の約束を取ろう」というのは、掛け声としては結構なのだが、効率性が極めて悪い。

例えば、ダイレクトメールを送って返事を待つわけだが、待てど暮らせど連絡がこない。しびれを切らして、直接に家までお邪魔するが、留守。それを繰り返しているうちに、シロアリが侵入していたという話は結構ある。

第二に、お客さんは業者を家に入れたがらない。

まず、想像してほしい。

毎日毎日仕事に追われて、ホッとする時間がない。

休日、ホッとして日ごろの疲れを取ろうと、ゴロゴロしている。そこへ、「シロアリの点検でーす」と業者が前置きなしにやってくる。

さあ、あなたはどんな気持ちになるだろうか？　誰とも話したくないというのが、自然な感情ではないだろうか。

新脱皮阻害剤ベイト工法は、このようなときにでも、お客さんに負担をかけることなく、シッカリとシロアリの有無の確認をして、建物を守ることができるのだ。

第5章

あなたの家もシロアリから守られる！

あなたとの対話

私　「どうですか？　理解できましたか？」
あなた「シロアリ駆除工事って、やれば安心ではなかったんだね」
私　「そうですね。相手は3億年も生き抜いてきた百戦錬磨の生き物ですから。でも、大抵の方はそういう考えを持っていますね。そもそもシロアリがこんなにも頭のいい生き物だとは知らなかったでしょうね」
あなた「そうなんですよ。シロアリってこんなに厄介な生き物だとは今まで知らなかった」
私　「それを知っただけでも価値はありますよ」
あなた「しかし。家の周りにステーションを打ち込んで、シロアリを捕まえるとは正直ビックリしますね」
私　「もっとビックリするのは、家の中にいるシロアリと外で捕まえたシロアリが繋がっていることではないですか？」
あなた「確かにそうだ。シロアリが一体どこから入って来ているのか、想像もできなかったもんなあ」

私　「そうなんですよ。そのシロアリの行動を理解するのがこの駆除システムの第一歩なんです。そもそもシロアリの行動を理解できないところでシロアリを完全に駆除しましょうっていったって無理じゃないですか」

あなた「そうか、それを知っているからシロアリを捕まえることができるのか」

私　「それと捕まえたシロアリを効率よく駆除するためには、シロアリの習性に応じてステップを踏んでいくことが重要だったんだけど、これは理解できましたか？」

あなた「う～ん。確かに分かったような気がします。つまりシロアリを『今食べている毒エサはおいしいでしょう』とだますわけでしょ」

私　「そうです」

あなた「シロアリに毒だとばれてしまえば、まずいわけでしょ。なぜなら、ばれた時点でシロアリが食べるのを止めて逃げてしまい、ステーションに寄り付かなくなる。そういうことでしょう」

私　「そうなんです。だから時間をかけてじっくりシロアリを駆除することが極めて重要なんです」

あなた「最後に頭の中を少し整理するために聞くけど。そうすると、この新ベイト工法っていうのは、大きく分けると二つの段階があるんだよね。一つはシロアリを捕まえる」

私　「そう、それが第一歩です。それもシロアリを傷つけずにです。そして次にシロアリの習性を利用して、巣全体の仲間に毒を浸透させる」

あなた「いっていることは分かった。確かに理屈ではシロアリが完全に駆除できそうなんだけど。でも…」

私　「でも、なんですか？」

あなた「実績があると、安心できるんだけどな」

私　「そうですよね。大抵、実績がないと心配になりますからね」

■どんな困難な建物でも駆除できる

それでは、あなたのご要望どおり、事例を紹介することにしよう。

その前に、一言伝えておきたいことがある。

新ベイト工法は、どんなシロアリ被害でも駆除できる。なぜなら従来のようにシロアリに直接薬剤散布することに焦点を合わせたものではなく。シロアリの習性に焦点を合わせたものだからだ。

従来のシロアリ駆除工事では、完全にシロアリを食い止めることが不可能だった。その最大の原因はイエシロアリの場合、地中にある巣のシロアリに薬剤をかけることができないことだ。

それともう一つは、駆除工事をする際にはさまざまな理由で、シロアリ薬剤を散布できない場合がある。

- 居住者にアレルギー体質の方がいて思うように散布ができない。
- その建物の近くに河川があり、汚染しそうな場合。
- 建物の構造上散布できない場合。

このようにシロアリ駆除業者から見れば、さまざまな悪条件に対応しなければならない。

一方、シロアリの生態に焦点をあわせたこの新ベイト工法は、無駄なところにシロアリ薬剤を散布したりしない。

さまざまなシロアリ被害にプロセスがある。このプロセスに着目しているわけだから、どんな困難な状態でも対応できる。

私がこう説明しても、まだ、あなたは「そんなの信じられない、今までのやり方でいい」と考えていることだと思う。なぜあなたの考えていることが分かるかというと、その道のプロであるシロアリ駆除業者でもこのシステムを理解できていない方が大勢いるからだ。

そこで、数ある実績の中でも、もっと困難なシロアリ駆除を成功させた事例を紹介したい。

成功事例1
シロアリが入ったら駆除が難しいと業界では常識の物件

北九州市の佐藤さん宅の事例。はやりの外断熱工法なのだが、シロアリ駆除業者泣かせの工法でもある。最近やっとハウスメーカー・工務店もシロアリ対策に動き出してきた。

外断熱工法とは、断熱材を内側にするのではなく、建物をスッポリ覆うように外側に断熱材を取り付ける工法で、夏は外の熱を遮断し、冬は室内の保温効果があるといわれている。

その建物の中の被害は、止めることが非常に難しいのである。

というのは、眼のないシロアリはコンクリートなど、何かに沿って蟻道を延ばす傾向があるからだ。ベタ基礎では家の内部のシロアリも外部のシロアリも、特別な条件がなければ、コンクリートの裏側に沿って進み、やがて外断熱の断熱材に行き着いてしまう。

つまり、何かに沿って進んでいるシロアリは、たった一つの垂直構造の断熱材にエスカレーターのように自動的に行き着いてしまうのだ。

そして、食害しやすい断熱材の中へと侵入してしまう。従来の工事では断熱材が邪魔に

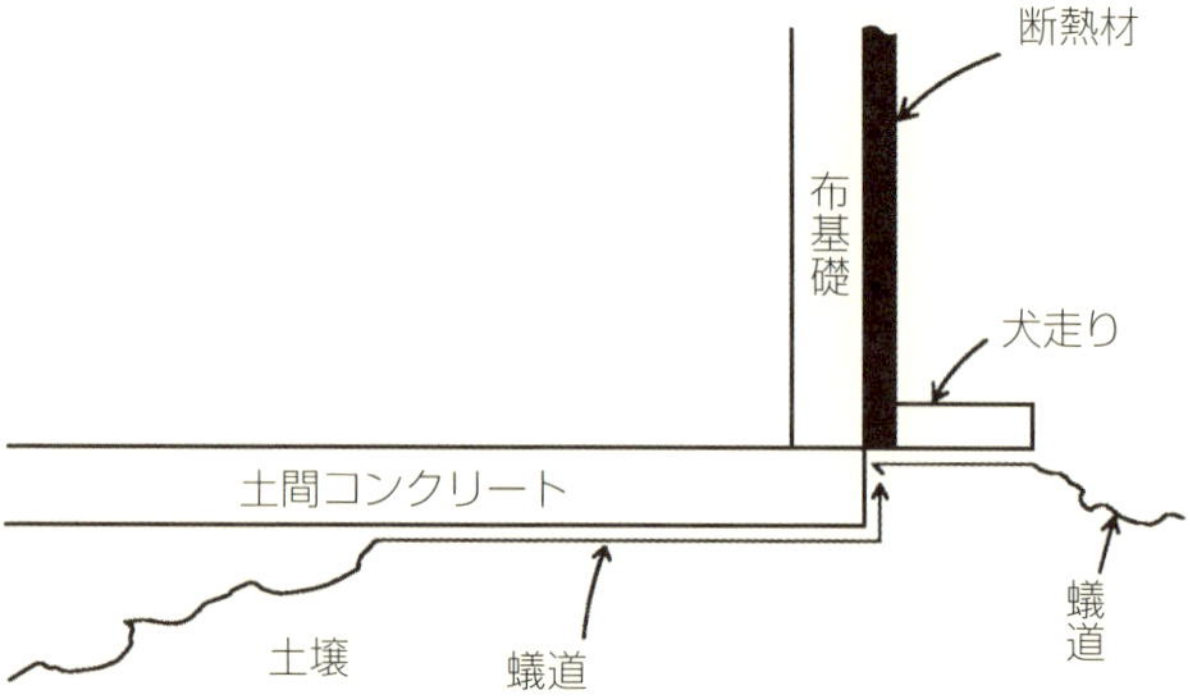

なってシロアリを駆除することが難しくなってしまうのだ。

シロアリは人目の付かない床下から家屋に侵入して、知らず知らずのうちに家全体に被害を及ぼす。

通常シロアリ駆除工事の相談を受けたときは、まず床下・天井裏などを調査し、シロアリの種類、分巣の確認、侵入経路を肉眼で確認する。確認できないところは、建物の構造等のさまざまな条件を考慮して仮説を立てる。

シロアリを止めるには、現在分かっている生態学と、今までの経験の積み重ねによって仮説を立てることが重要になるわけだ。

ところが、この物件は「侵入経路は仮説によって分かっているのだが、効果的に工事をどうやって進めていくのかが、構造上困難」という問題だった。

■魔法を起こした新ベイト工法

それでは、どうすればこの困難な構造の物件のシロアリを確実に駆除できるのか？

- 侵入ポイントが分からないために、下手な鉄砲も数撃ちゃ当たる的に、建物の周辺に薬剤を注入し、家屋の中は、壁などに穴を開けて断熱材に無理やり薬剤を散布する」
- あらかじめ、お客さんに「この物件は駆除が難しいので、完全に止めることを保証できません」と正直にいう。

このような方法も、もちろんある。

しかし、現実問題、このようなことをいってお客さんが納得するハズがない。また、至るところに、薬剤を注入する穴をあけ、大量の薬剤を注入しなければならないが、それでもシロアリが止まる保証はない。

そもそも、見えない土壌・壁などに薬剤を散布・注入するのは目隠しをしながら弓を射るのと同じこと。忌避性の強い薬剤などは、運が良くなければシロアリの侵入ポイントに散布することができない。まず困難であり、そして確率が悪すぎる。シロアリ駆除工事を終えても、その工事をした業者も見えない地中でのでき事に、おそらく絶対的な自信はないはずだ。

仮に、運良く的中したとしても、巣は残っているからいずれまた侵入する。なんとも歯切れの悪い状況なのだ。シロアリを完全に駆除するにはやはり、地中にある巣を絶滅させなければならない。

それでは、どうすればこの問題を解決できるのか?

ここまで、本書を読んでくれた読者の方なら、もう答えは分かっていると思う。

そう。この新工法なのだ。

事実、三ヶ月後にはこの建物はもちろん、敷地内からも一匹のシロアリもいなくなった。それだけではなく。建物の中には一切手を触れず、薬剤も一切撒かずに、まるで魔法のように、この難しいとされるシロアリ駆除を成功させた。

ということは、この新ベイト工法を作動させるだけで、壁・窓枠などに穴を開けることなく、臭いもまったくなく、ましてや家の中の家具類なども動かす必要もない。

要するに、精神的負担が一切ない工事というのは、この新ベイト工法がやってくれたわけだ。欲張ってさらに特長を上げると、

- 薬剤を建物に散布する必要がないので安全。
- ベイト剤は閉鎖的で施錠型のステーションの中だけの使用なので、駆除工事後も何の心配もなくおいしい食事ができる。
- ステーションの設置も簡単スピーディ（一般住宅だと4，5時間で設置可能）。

成功事例2

琉球王朝の別邸　ユネスコ世界遺産、名勝「識名園《しきなえん》」

6、7年前、沖縄県のあるシロアリ駆除業者から「現場をいっしょに見てくれ」と電話があった。当時私は中国地方や九州・沖縄の業者と新ベイト工法に関して情報交換やアドバイスをおこなっていたので、急いで沖縄へ向かった。

その現場とは、世界遺産にも登録されている名勝「識名園」である。

そこにいた市の職員の方の話だと、識名園の御殿の屋根裏でカチカチと音がするがシロアリではないか？　とのこと。

早速、御殿のシロアリ調査に入った。

この御殿の面積は合計で約195坪。それを天井裏から床下の隅々まで調べなければならない。天井裏と床下だから、2面×195坪…、400坪近くある。通常の住宅の十六棟分の面積になる。

調査だけでもかなりの重労働だ。

通常、このような木造の建物は、シロアリの侵入口が無数にある場合が多い。また、厄介なことに侵入してしばらくすると、建物の各所に分巣を作る。

イエシロアリには本巣と分巣がある。本巣は通常は地下（地中）にあり、その中心には常時女王アリと王アリがいる。分巣とは、本巣と食害場所の中継地点として存在する。

路線で説明すると、出発する駅から終点までの間の各駅だと考えてもらえれば分かりやすい。

しかし、本巣になにかが起きたり、本巣との伝達が不可能になると、分巣にいる副

中国情緒あふれる石橋から望むと、日本風の別邸がある。

女王、副王アリがそのまま昇進して女王アリ、王アリに代わり卵を産む。つまり、分巣ごと本巣に変わるわけだ。

以前、宮崎の築四十年の木造住宅のシロアリ駆除をした際にも分巣と見られるものを5箇所ほど見つけたが、このような駆除工事の場合は不用意に薬剤を散布してしまうと、建物の数箇所に分巣を残してしまう恐れがある。

そうなると、建物の中に数組の女王アリカップルを誕生させかねない。建物自体がシロアリの巣になってしまう可能性があるのだ。


二時間後、調査を終えて市の職員に報告した。

「床下には、何も異常ありません。しかし天井裏には巣があります。それもイエシロアリです」

「この建物の被害は、シロアリが地下から蟻道を延ばして侵入したのではなく、羽アリによる被害だと思います」

その御殿は長年の瓦および漆喰《しっくい》からの雨漏りで、シロアリが生きていく上で必要な、水分が豊富にあったのだ。そこへ将来女王アリと王アリとなる2匹が、不時着して営巣した。

この屋根裏のどこかにシロアリの本巣がある。

鴨居からの蟻道

天井板からの蟻道

屋根裏からの蟻道

屋根板からの蟻道

■シロアリ駆除工事は、巣から絶たなきゃ意味がない

実は、この本のタイトルにもなっている「シロアリ駆除工事は、巣から絶たなきゃ意味がない」とのフレーズにピッタリのケースなのだ。

調査後、報告書と見積り書を提出したが、シロアリ駆除工事の予算が取れないという問題が生じた。しかし、放っておけば確実に被害が広がることは分かっていた。やむを得ず、応急処置として薬剤だけ散布しておこうということになったのだが、問題はこれだけではなかった。

取り上げて見ると、

1．識名園の観光客に迷惑がかからないように工事をすること。そのため、必要とする薬剤量を使用できない。

2．炎天下、屋根裏での作業は四十度を超すため、休憩をしながらでないと、集中力がなくなり効率が悪い。しかもその日だけで工事を終えなければならなかった。

3．母屋《おもや》・垂木《たるぎ》・野地竹《のじだけ》の裏が葺《ふ》き土で敷き詰めてあり、その上に瓦が乗せてあるため、肝心のところにシロアリ薬剤が注入できない。

（この工事はいくら微に入り細に入り説明しても、なかなか分からないと思います）

条件が悪すぎる中で、数人の現地のベテラン防徐士と駆除工事をしたのだが、当然納得のいく工事ではないし、巣も残っているはずだ。時期が悪かったのも重なった。

案の定、三ヶ月後には行き場のないシロアリが蟻道を延ばして、あちらこちらから再発してきた。

■二本の蟻道から感染させシロアリの本巣まで駆除

賢明な読者の方ならもう状況を把握できたと思う。そうなのだ。その蟻道にベイト剤を取り付ければよいのである。（シロアリを捕まえる工程が省ける）

ところが、「文化財に傷をつけてはダメ」という理由から、仕方なく床下まで延びてきた蟻道に、そのまま直接ベイト剤を取り付けることになった。

一箇所から、スムーズに他のシロアリに食べさせることにより、仲間のシロアリに分け与えて、最後には巣全体のシロアリに感染させようとの計画だ。

実はこのケースは、この新ベイト工法がシロアリの巣にまで達しているということを立

屋根裏から床下まで延びてきた蟻道

その蟻道にベイト剤を取り付けた

同じく行き場のないシロアリが床下まで降りてきた

同じくベイト剤を取り付けた

識名園の御殿屋根修復工事

証できたケースなのだ。

今までは、理論上はもちろん、現場での結果からして間違いはないと思っていたが、それが公共の物件で立証された最初のケースなのだ。

そのことが、動かぬ証拠として認められる運びになったのは、それから1年後の御殿屋根修復工事のときだ。

瓦を取り除いたが、シロアリは一匹もいなかった。

困難なシロアリの本巣を完全に死滅させた。

瓦を取り除くと葺《ふ》き土が全面に敷いてあった。

同じく葺《ふ》き土が敷いてあった。薬剤が入っていくはずがない。

棟木の被害。シロアリは一匹も見られない。

棟木・たる木の被害跡は残るが、乾燥していてシロアリが生息できる可能性がない。

成功事例3
変電室地下ケーブルをシロアリが食いちぎって停電

「シロアリってなんでも食べるって聞いたことあるんですけど、雑食なんですか?」お客さんから受けるよくある質問だ。

確かに、シロアリは、ガラスと硬い金属以外はなんでも食い荒らすが、それを栄養源にしているわけではない。

シロアリの栄養源は、木材中に含まれるセルロースとヘミセルロースだけだ。ただ、シロアリは進む方向に障害物としてなにかの物質があると、避けずに貫通する習性がある。

その残がいをまたリサイクルする。巣や蟻道などの修復材料にするわけだ。猪突猛進型であるシロアリは常に餌を探して、地中をうろついているが、時おり、その障害物に当たると貫通せずに、それに沿って行動することがある。

そして、今回、その障害物ってシロモノが某県立高等学校の変電室に繋がっていたケーブルだった。

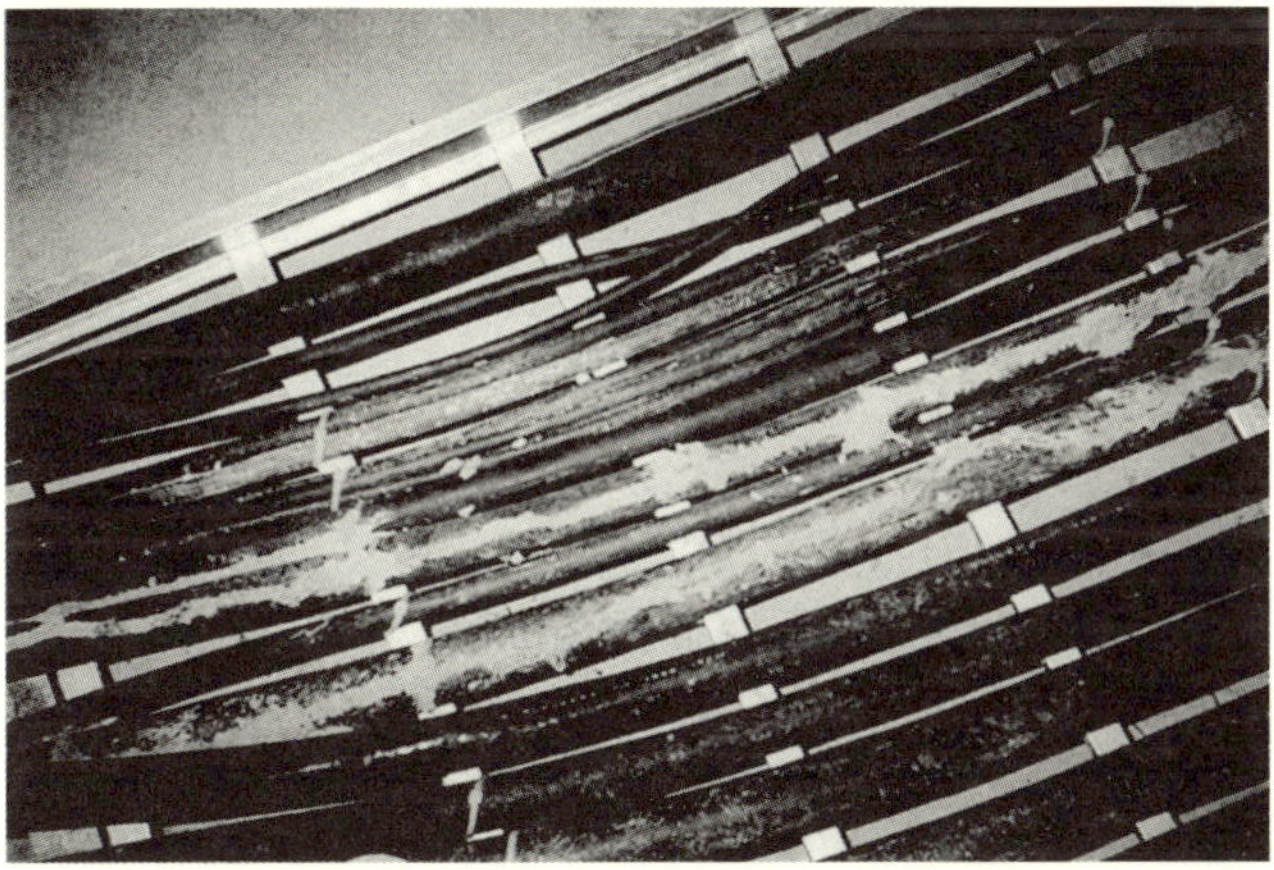

地中のケーブルに沿って侵入するシロアリ

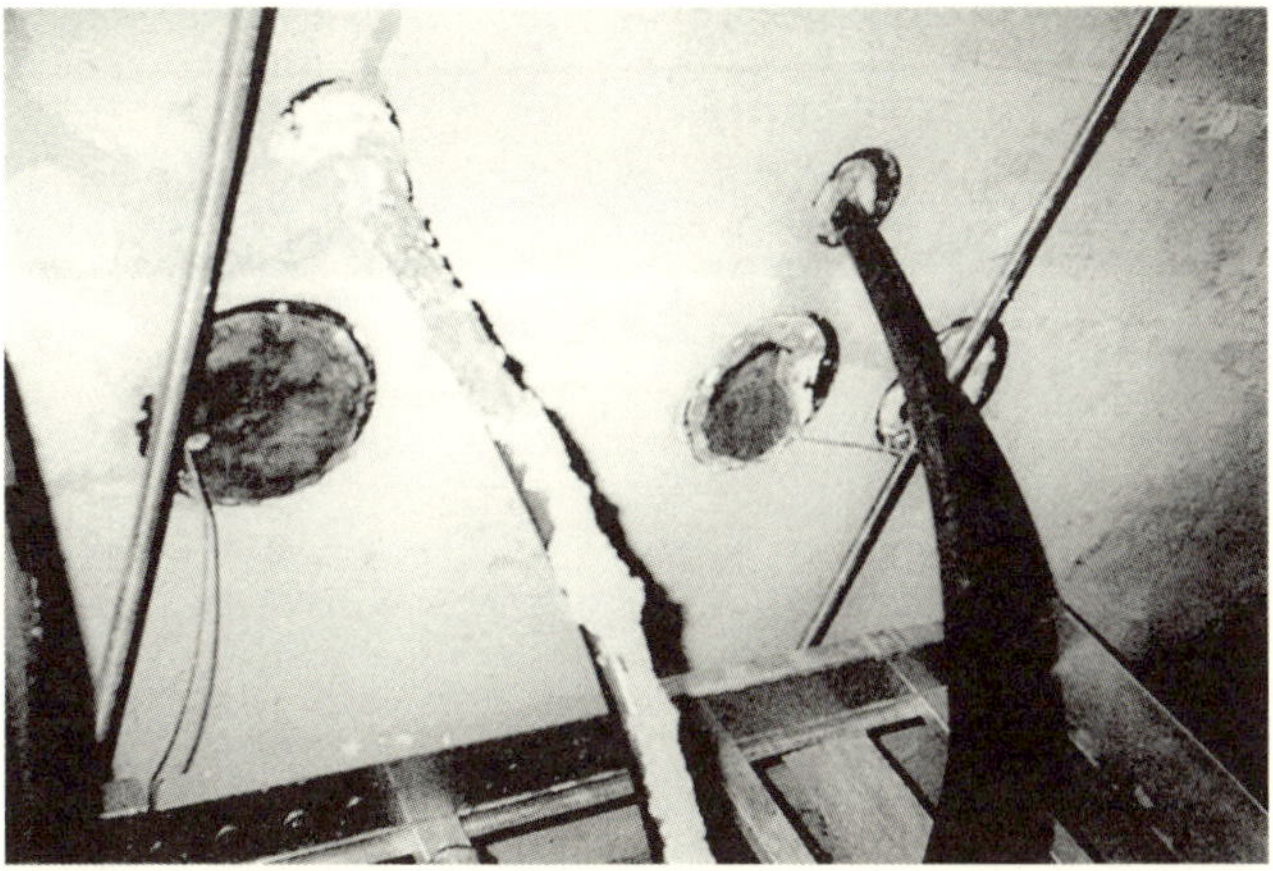

蟻道でケーブルが見えなくなっている

シロアリからしてみれば行動学の上で当たりまえのことなのだが、こちら側にしてみれば一大事である。

この学校、授業中に停電し、職員が慌てて調べたが、しばらく原因が分からなかったらしい。変電室近くのマンホールを調べてみると、原因はまさかのシロアリだった。

実はこのようなケーブルのシロアリ被害は日常茶飯事。電気関係の仕事をしている方なら必ず経験があるはずだ。ＮＴＴや電力会社など大変だなと同情してしまう。

３、４年前にもある下水道処理施設のケーブルがシロアリに食われて電気がストップし、危うく下水道施設がパンク寸前だったと聞いたことがあった。

この事例だが、手を抜くつもりはないが特別に解説はいらないと思う。外からケーブルに沿って侵入してきたシロアリの蟻道にベイト剤をビニール袋に入れて固定した。そのほうがシロアリを刺激しないですむと判断したからだ。

ベイト剤がなくなると追加する。あとはこの繰り返しでシロアリを刺激しないようにベイト剤を追加する。この流れがきちっとできていれば、あとはこのシステムが自動的にシロアリを駆除してくれる。翌年の二月にはすべてのシロアリを巣ごと絶滅させた。

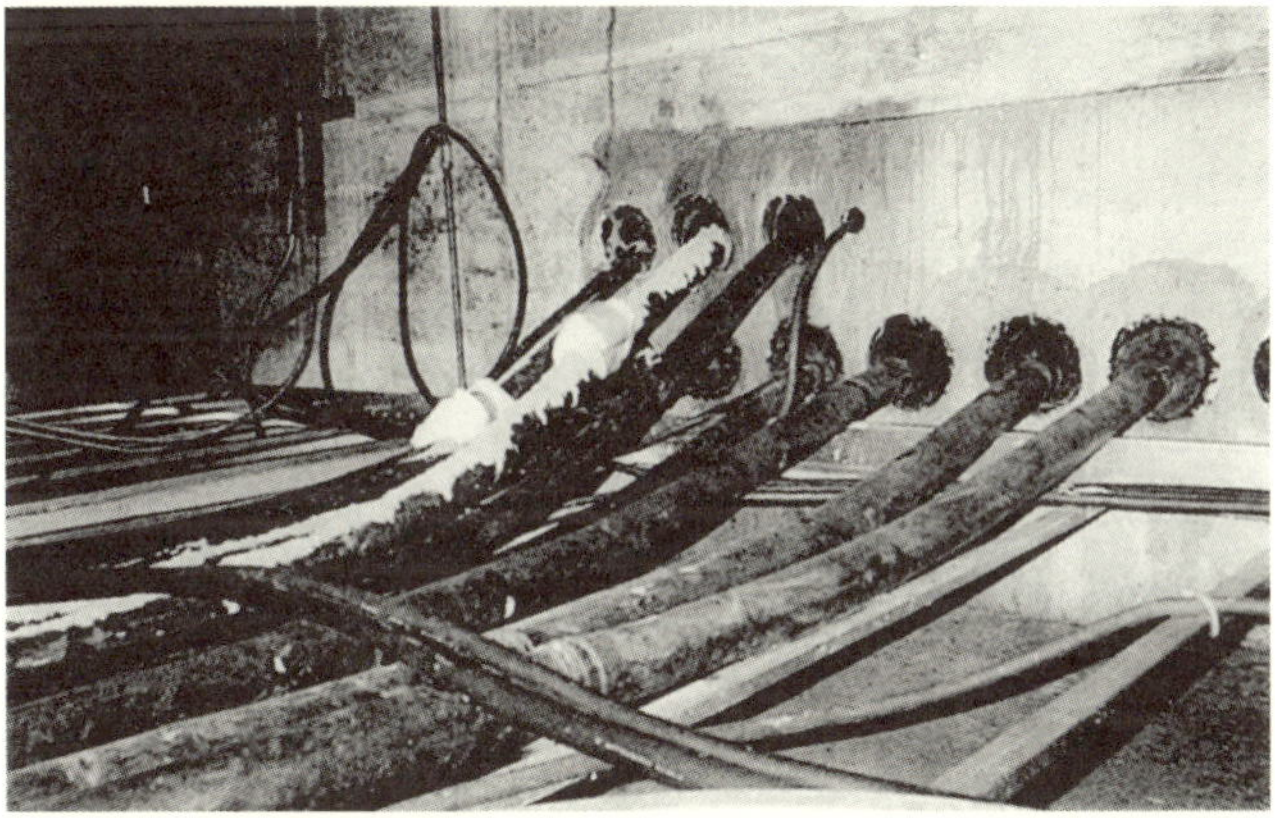

直接ベイト剤を食べさせた

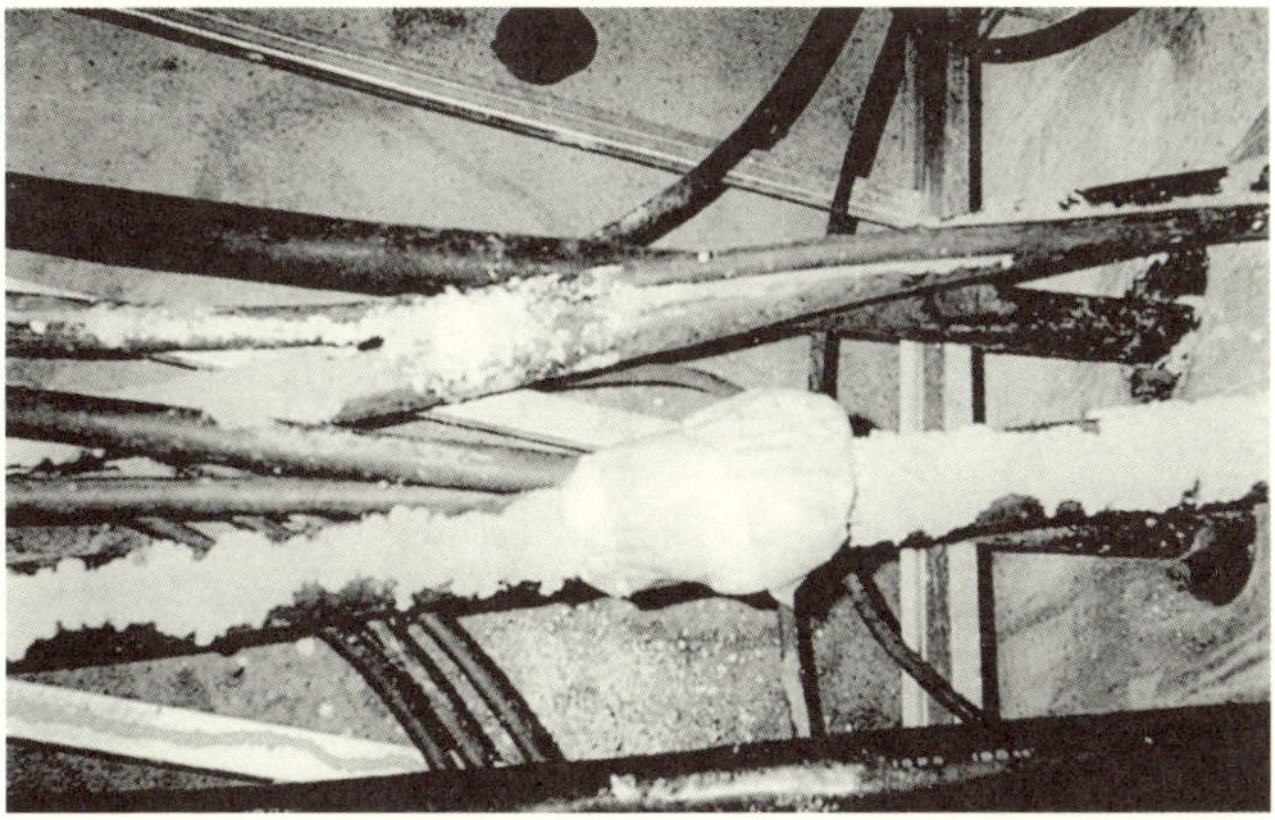

同上

ふっと、このように簡単にシロアリ駆除ができてしまうのは本当にすごいと思った。ちょっと前なら「ケーブルにシロアリ被害があるからどうにかしてくれ」といわれたならば、相手方の気分を害しないように丁重にお断わりしただろう。

なぜなら、あまりにもリスクが大きすぎるからだ。

シロアリ薬剤というのは、原液を水で希釈（混ぜる）して散布するわけだが水と電気は当然相性が悪い。その水溶性の薬剤を何千ボルトもの電流が流れているケーブルに少量とはいえ散布するのだから慎重の上に慎重を重ねる。

万が一、その工事が原因で火事にでもなったら取り返しがつかない。ましてこんなに腰が引けていては肝心のシロアリを駆除することなど土台無理な話だ。

この事例で分かっていただきたいのは、新ベイト工法は状況が悪ければ悪いほどその力を最大限に発揮することだ。いやはや化学技術の進歩とはこうも業者を楽にさせてくれるものなのか。

シロアリは一匹もいない

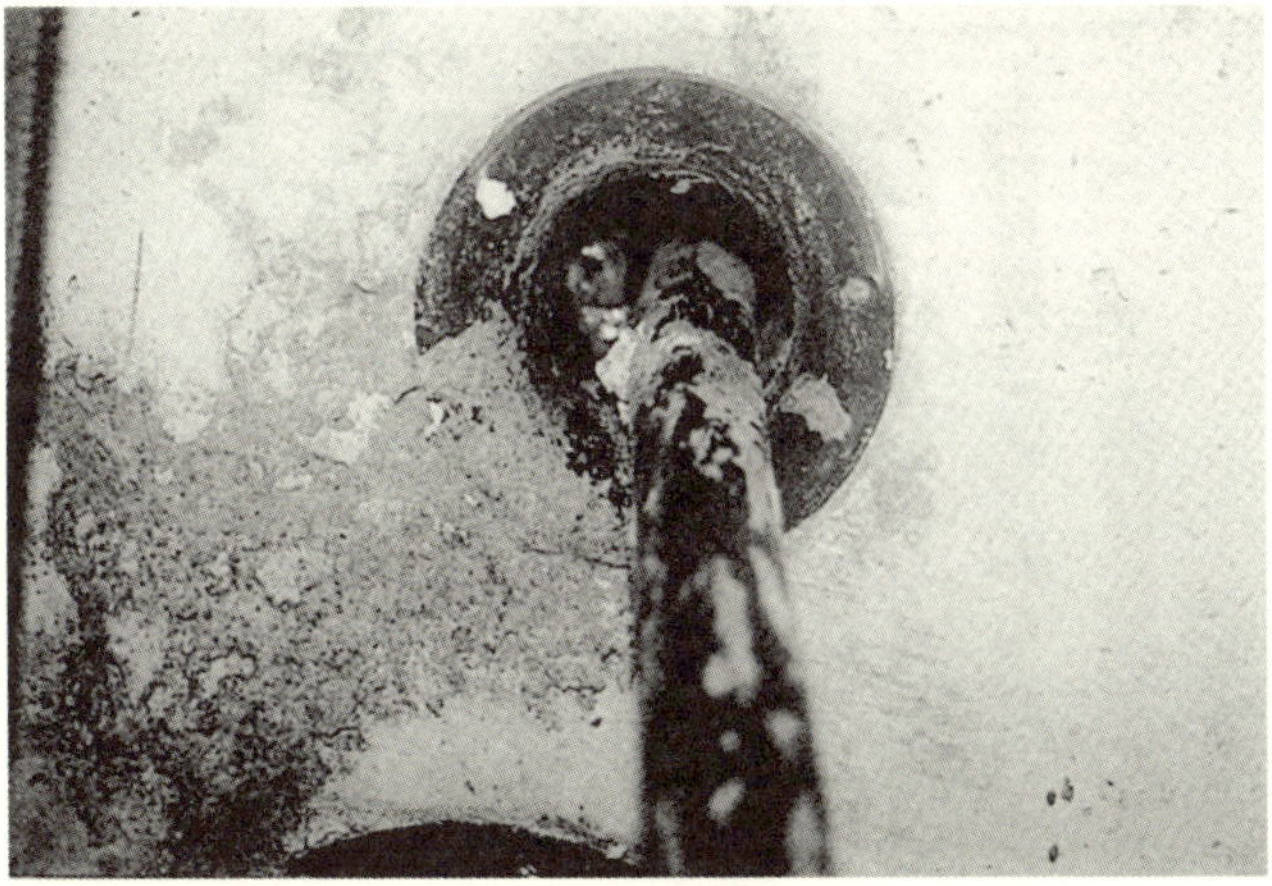

シロアリが完全に消滅した。

成功事例4

環境を汚染せず、シロアリ駆除に成功！

そろそろ事務所から帰ろうとしたときに電話が鳴った。あるシロアリ駆除業者の社長からの電話だった。

「岸本さん、明日時間ある？　打ち合わせをしたいんだけど」

「どうしたんですか？」

「実はね、私の知り合いがシロアリで困っているらしいんだが、現地の業者だと止められないらしいんだよ」

「現地？　現地って場所はどこなんですか？」

「香港だよ」

「えっ！　香港ですか」

と、いうわけで私は初の海外の出張に行くことになった。

香港のその施設だが、広い敷地（サッカー場二十個分の大きさ）に建物がポツリと建っているだけだ。その敷地はシロアリの楽園と化しており、樹木などがシロアリ被害で枯れるほどだ。

周りを見渡せば森林（正式名は不明だが松の一種だと思う）だらけでシロアリがいない方がおかしい。

現地の方は、シロアリがたくさんいることは分かっていた。現に年に何回かは、建物にシロアリが侵入するといっていたが、ここでもシロアリが出ては薬を散布しての繰り返し「もぐら叩き」状態になっていた。

シロアリ駆除工事というものは、建物の中に薬剤を散布してその薬剤の効力で建物の保護をするわけだが、これくらい環境が悪いと薬剤散布をしても「焼け石に水」だろう。

建物を守るために周りの樹木にいるシロアリを駆除してくれとのことだ。広い敷地全体にシロアリ薬剤を散布することなど、もちろんできるわけがない。

もし仮に、薬剤を全体に散布したとしても、自然に晒された野外では、雨や台風などがやってくれば薬剤が流され、全部が無駄になってしまう。

この駆除工事の話があったときに、すぐに新ベイト工法でしか対応できないと思った。

しかし、この広い敷地にステーションを打ち込むのだから、行き当たりばったりに対応していたら効率が悪いし、滞在期間中に設置を終えなければ大変なことになる。そのため出発前に敷地の図面を用意してもらい、あらかじめステーションの埋設位置を図面上に記した。

ステーションの設置には時間はかからなかったが珍しいことが起こった。

通常は、ステーション設置と点検は別の日におこなうのが常識だった。午前中に設置したステーションをふざけ半分で「まさかシロアリが入ってないだろうな」とステーションのふたを開けたところ、なんとすでにシロアリが入っているではないか。すぐにベイト剤をステーションに放り込んだ。

時間で逆算すると4時間でシロアリがステーションの中に入ったことになる。すごいスピードだ。今までの経験から二日、三日でシロアリが入ったことはあったが、この現場でギネスブック級（?）の記録を打ち立てた。

四月にステーションの設置作業を終えて、翌月より一ヶ月サイクルで日本より点検のた

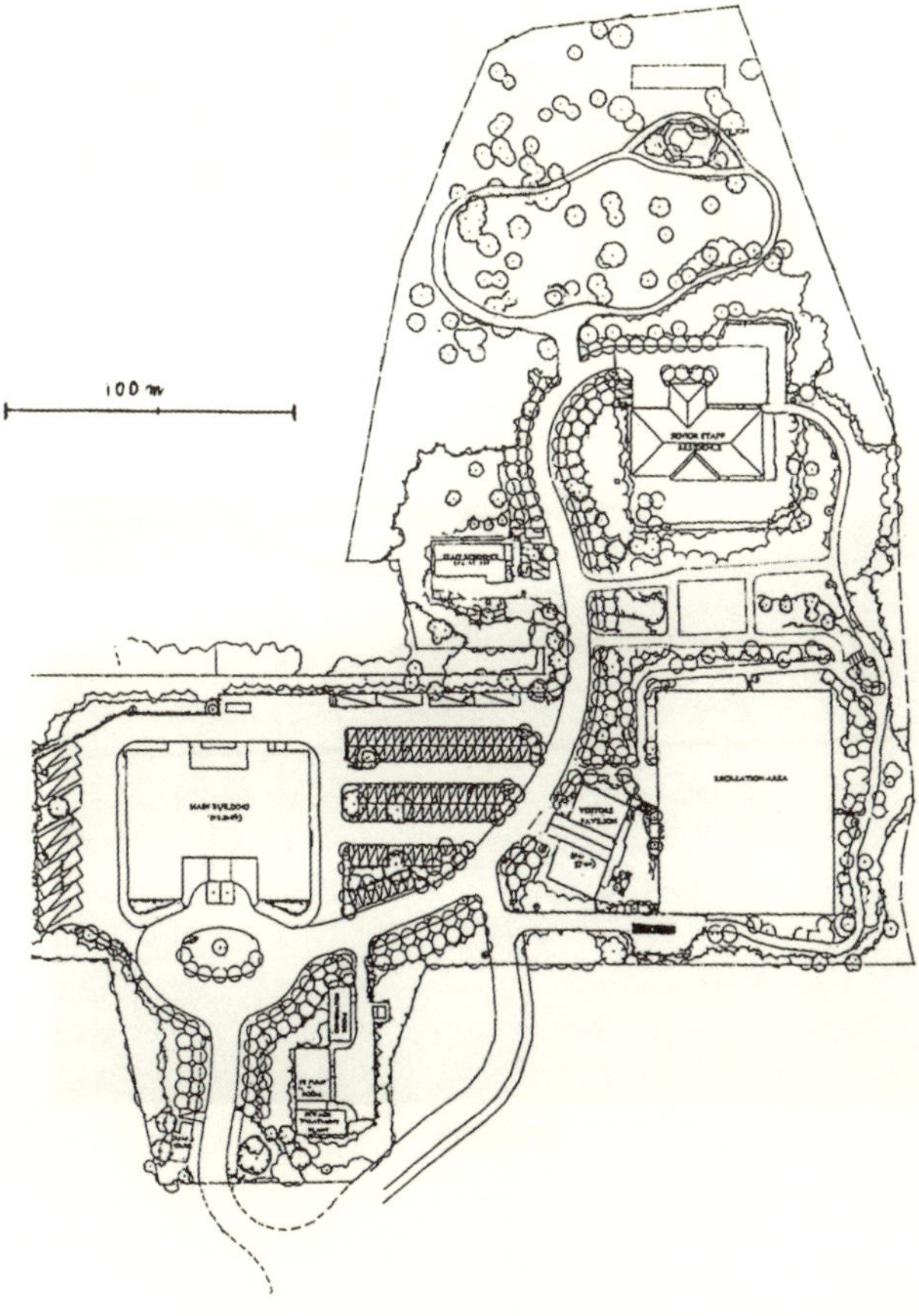

敷地内の見取り図

めに香港へ出かけたのだが行くたびに大変なことになっていた。

まるで今まで溜まっていた何かが吹き出したかのように、敷地内のあちらこちらのステーションでシロアリの入れ食い状態だった。もう朝から夕刻までてんてこ舞いでベイト剤を作ってはステーションに投与しての繰り返しだ。夜はへとへとぐったり。翌朝は体が重くて疲労感がドッシリと襲ってきた。

それから四週間サイクルで点検を三回繰り返した十二週目には、見事シロアリを巣ごと駆除した。この施設全体を駆除するのに使用したベイト剤は約十二キロ。薬剤使用量（原体）にしてたったの6グラムだった。従来のシロアリ駆除に比べて信じられないほど少量の使用で済んだ。

その年（平成十四年）、この施設で初めてシロアリが梅雨の時期に飛ばなかった。その後もシロアリを見たことがないという。

環境を保護する重要性

新ベイト工法のもう一つの極めて重要な特徴は、環境を汚染しないということである。

この事例でも分かるように、もし仮に薬剤の散布を要求された場合は、この敷地全体に散布し、土壌にも注入しなければならない。その場合、自然界の生態系を崩す恐れがある。
この施設を従来の工法で処理すると、何十トンものシロアリ薬剤が必要になるからだ。

何かの本で読んだことがあったが生物種の絶滅サイクルが一万年前には百年に一種類が絶滅するというスパンであったらしい。千年前には十年に一種類、百年前には一年間に一種類、それが二十年前からぐんと上がり一年に千種類が絶滅、そして五年前には年に一万種類以上が地上から消えてなくなったそうだ。

つまり、百年前と比べて一万倍の速度で生物種がこの地球から消えている。

この数字は、人類全体が生物に及ぼす絶滅サイクルへの影響の結果ではあるが、シロアリ薬剤も少なからず助長しているのは間違いない。従来の工法で処理すると建物を守るために犠牲があるのだ。

こういった自然のライフサイクルからしても今後、新ベイト工法の普及を急がねばならない。我々に生態系を崩す権利があるはずがないからだ。

■そして、あなたの家も守られる

これまでずっとシロアリ駆除工事の「新治療法」についてお話ししてきました。わたしは「シロアリ駆除工事」というものの本質を考え、公式にしてみました。シロアリ駆除工事の成功＝①シロアリの知識＋②シロアリ駆除工事の実践経験年数（学んだこととの応用）＋③使用する工法及び薬剤の種類（駆除方法）

明確化のために補足しますが、①と②は当然のことながら業者の手腕によるもの。そして今回、本になったのが③なのです。

このベイト工法は素晴らしい技術なのですが、９０％以上の方がその素晴らしさを知りません。それどころか駆除業者でもその素晴らしさを知らない方がいます。これでは普及できるはずがありません。これが本書を執筆するに至った理由です。

また、この公式の応用は、専門職といわれるすべてのものに当てはまると思います。代表的な職業は、医者ではないでしょうか？　あなたは、自分の体を無免許で知識も経験もない者に、得体の知れない注射を打たせることができますか？　考えただけでもゾッとしてしまいます。

思い出してください。家を建てるときどれだけ悩んだことか。月々の返済、家の大きさ、部屋の数、立地条件、見晴らしの良さｅｔｃ…。そして、何社かの住宅メーカーの展示会にも足を運んで、吟味して絞り込んだはずです。また少なからず、そのメーカーの工法も勉強したはずです。

シロアリ駆除工事というものは、医者にかかったり、家を購入する場合とは違う次元のようにも見えますが、本質は同じです。失敗すれば、あなたと家族の健康が損なわれ、大切なマイホームが傷んでしまいます。

この三つの条件はその一つひとつが大切です。三つの条件のうち、一つでも欠けると大きくバランスを崩してしまいます。

この公式の選択は、あなたに主導権があるのです。この本を執筆するにあたり、心をフラットにして、ただお客さんの視点で考えてみました。過去の恥ずかしい失敗を話したのもそのためです。あなたのシロアリ駆除のための方法と業者選びの選択のために、この本が参考になれば幸いです。

最後に…

それから数年後、社団法人日本しろあり対策協会（国土交通省監修団体）の認定ベイト工法として登録され、公式に世に認められました。この登録はシロアリ駆除業界では、とても権威のあるものでこの登録で同時に新ベイト工法は一流と格付けされたのです。

そして今、新ベイト工法は国内の有名文化財、重要な施設等さまざまな建造物をシロアリから守っています。

さらに新ベイト工法は現在、米国はもちろんのことオーストラリア、香港、シンガポール、マレーシア、ブラジル、スペイン、フランス、カリブ諸国、そして中東で検討中あるいは使用中とのことです。そして、あなたの家も守られるのです。

あとがき

先日、用事のついでに、あるお年寄りのところへ挨拶に回りました。

その方は、数年前にわたしがシロアリ駆除工事をおこなった家のおばあちゃんです。

この家は、もう何年も前から梅雨の時期になると天井からシロアリが出てきて、家中の蛍光灯に集まり大変だったそうです。

それが、今年はそれがなかったそうです。そのおばあちゃんがこんなことをいってきました。

「実はね。去年あなたからこの埋めるヤツ（新ベイト工法）をすすめられたときは本当かなと思ったんだよね。そして親戚とか息子夫婦にも相談したけど、みんなに反対されたんだけど。だけどね。意味は全然分からなかったけど、あんたが一生懸命に話してくれたでしょう。だからお願いしたんだけど…。あんたを信頼して本当によかったよ」

「おばあちゃん、ありがとう」

わたしも最初、このベイト工法を初めて見たときは「こんなものでシロアリを駆除できるのかな」と思いながらも「ひょっとしたら」という気持ちを持ち続けていました。その後、痛い思いをして、遠回りして、自分で同等品の商品をインターネットで探し出し、使用してきました。その結果、シロアリの再発事故がなくなったわけです。

このように、ほんのちょっとのきっかけが将来を大きく左右します。そして、もしかしたらあなたにも、ほんの小さなきっかけが必要かもしれません。そんな気持ちで、この本を執筆しました。

この本で紹介した失敗の事例は、私が高い授業料を払って学んできました。ですから、もう失敗は極端に少なくなりました。なぜならシロアリを巣ごと駆除しているから、大きな失敗はありえないのです。

あなたも、ちょっとのきっかけを逃がさないでください。

最後にお礼を…

わたしは、人に恵まれています。これは何ものにも代えられない無形の財産です。本書で紹介されている新ベイト工法は、到底私個人の力量では成しえることはできませんでした。

世界的なメーカーに一歩も引けをとらない交渉は、通訳の城間さんでなければできなかったと思います。

そして、島田さん。周りを「あっ」と脅かした島田さんの斬新なアイディアで、飛躍的に現場テストが進みましたね。島田さんの頭の柔軟さに脱帽です。

さらに新井さん。いつも驚かされるのが人脈の広さですね。デイビット氏が我々を信頼してくれたのは、新井さんの人脈のおかげです。

そして、本の出版にあたり情報を提供してくれた志良堂さん。今回、事例の掲載を快く許可いただいた方々。最後に、私を支えてくれた両親に心より感謝申し上げます。

岸本善男

論より証拠の駆除事例

＊順不同
＊掲載許可が下りた公共物件のみ紹介

ユネスコ世界遺産「首里城」

ユネスコ世界遺産「識名園」

その他の物件（発注先）

- 防衛省
- 国土交通省
- 米国国防省
- ＮＴＴ
- 九州・沖縄の地方自治体
- 私立・公立学校多数
- その他民間の物件、４万棟

参考文献

白蟻の生活　工作舎
しろあり　社団法人　日本しろあり対策協会
床下の毒物シロアリ防除剤　三省堂
アニマ　平凡社
究極の癌治療　たま出版
その家づくりちょっとまった！　ＰＨＰ
人生を変える80対20の法則　阪急コミュニケーションズ
害虫殲滅工場　中央公論新社
プロフェッショナルの条件　ダイヤモンド出版
「超」発想法　講談社
ウィルスと感染のしくみ　日本実業出版社

〈著者略歴〉
岸本善男（きしもと　よしお）

現在、「シロアリ法律相談室」設立のため、中央大学法学部通信教育課に通う現役大学生。国土交通省監修の（社）日本しろあり対策協会認定防除士。害虫防除の先進国である米国より最先端のシロアリ駆除法を日本へ輸入したいとメーカーと直談判。国内初の公認インストラクターとなる。その傍ら、自ら「シロアリ研究会」を主宰し、各所にて「シロアリ工事失敗しない方法」などの情報公開・講演活動を通してシロアリで悩む消費者へのアドバイスをおこなう。マスコミからの取材も多く、寄稿依頼もあり執筆もこなす。現在、ＦＭのラジオ番組に出演中。生の声でのシロアリ駆除工事のアドバイスは、分かりやすさでリスナーの評判が高い

連絡先：シロアリ研究会・事務局（ファーブル内）
（相談時間：年中無休 朝 8:00 ～夜 8:00 迄）
電話：0120-35-4966　FAX：0120-35-4939
メール：info@1shiroari.com ホームページ：www.1shiroari.com
＊匿名でのご相談もＯＫです。

シロアリ工事は巣から断たなきゃ意味がない！

2008 年 5 月 20 日　初版発行

著　者　　岸本 善男
発行者　　瀬戸 弥生
発行所　　ＪＰＳ出版局
　　　　　編集室：神奈川県秦野市下大槻 410-1-20-301 〒 257-0004
　　　　　e-mail : jps@aqua.ocn.ne.jp FAX: 046-376-7195
編　集　　高石 左京
装　幀　　勝谷 高子（ウインバレー）
DTP　　　小島 展明
印刷・製本　ＴＢＳサービス
発売元　　太陽出版
　　　　　東京都文京区本郷 4-1-14 〒 113-0033
　　　　　TEL: 03-3814-0471　FAX: 03-3814-2366

 ISBN978-4-88469-576-7 C0095